落ち着かない　話を聞けない　マイペースな

小学生男子の育て方

松永暢史

すばる舎

はじめに

私は長年、「受験のプロ」として、主に小学生から高校生までの子どもたちを指導してきました。また、子どもだけでなく、その親たちの教育相談も、たくさん受けてきました。

そんななか、男の子のお母さんの多くが、「男の子は大変だ」と悩みを訴えてきます。なかでも注目したいのが、小学生男子ならではの悩みです。

そもそも男の子は、小さな頃から母親にとって「理解不能なもの」です。「あっちこっち行って危ない」「何でも振り回す」「ダメと言っても聞かない」など、「目を離せない」大変さをよく耳にします。これらは言うなれば「動物的な」大変さですが、小学校に上がる頃には彼らも少しは「人間らしく」なります。

ここでホッとするのもつかの間。今度は、学校を舞台にした別種の大変さや、理解不能な息子の行動に遭遇するのです。

「ちゃんと授業を聞かない」「自分から宿題をしない」「すぐに友達とケンカをする」「調子にのってバカなことをする」……。

気がつけば、しょっちゅう先生から電話がかかってきたり、同級生のお母さんに謝ったりの毎日。家庭内で収まりきらない悩みが次々に降ってきます。

今までは「ちょっと大変だな」くらいに思っていたのが、「もしかして、うちの子はおかしいの？」「私の育て方が悪いの？」「母親失格？」などと悩み、自分を責めてしまうお母さんもいます。

本書は、そうしたお母さんたちの不安と心配を取り除くために書かれました。

学校という初めての舞台で右往左往するお母さんたちに、わが子の個性を守りつつ、学校や先生にうまく対応できる方法もお教えします。

「困った小学生男子」だった私も、今では立派な成人です。あなたの息子さんも、きっと大丈夫。

「わが子だけがおかしいのではない。小学生男子はだいたいそんなもの」と安心し、同時にマイペースな小学生男子の行動を笑える心境になっていただければ、本書の目的は達せられたものと思います。

第1章 親は謝ってばかり…マイペース男子に悩みが尽きない！

第2章 学校生活をうまく乗り切る方法を覚えましょう

第3章

7歳から男の子はこう育てていきなさい

第4章 ハマったらとことんやる。それが彼らの勉強スタイル

第5章 やがて来る、ひとり立ちのときのために

ブックデザイン　小口翔平＋喜來詩織＋永井里実（tobufune）
イラスト　おぐらなおみ
編集協力　ことり社（岡未来）

第1章

親は謝ってばかり……マイペース男子に悩みが尽きない！

落ち着かない、話を聞けない…
全然大丈夫です！

ようやく幼児期の大変さを抜け出したのに

これまで、男の子を育ててきたお母さん。

幼児の間も、いろいろ大変だった……でも、年長さんの頃にはすっかりお兄さんらしくなり、「小学校も大丈夫だろう」と安心していた。就学前健診でも、「お子さん大丈夫ですよ」と学校側からも言われた。

小学校に上がり、ようやく落ち着いたと思った。それなのに……！

今までとは違う質の大変さが待ち受けていた……。そういうお母さんは多いのではないでしょうか。

それは、**学校という「集団生活」のなかで起こる大変さ**です。

授業参観に行きたくない…

・とにかく落ち着かない

授業中、座っていられない。立ち上がったり、すぐ「先生トイレ」。気づいたら、隣の子としゃべったり、ちょっかいを出したり。

みんなで立ち上がって……というとき、じっと立っていられない。勝手に踊り出す。

登校班でも、気づくと列からはみ出し、高学年の女子にいつも注意されている。

・話を聞かない

授業参観に行っても、先生の話を聞いていない。

そもそも、親の言うことも聞いていない。元々そうだったが、小学校に上がってますます……。

聞いていないというより、聞こえていないのか……。叱っても、聞こえていない。

3回目くらいでようやく「え？」と反応。**何回注意しても、3分後には忘れる。**同じことをする。「さっき言ったよね⁉」と言うことしばしば……。

・**不注意**

ぼんやりしている。いろいろ物をなくしたり、忘れ物をする。学校からのプリントを渡し忘れる。

宿題のプリントやプールカードなど、なぜかすぐになくす。結局、学校の机の引き出しに入っていることが多い。

ぼんやりしながら道を歩いているので、ひとりで下校させるのが怖くて仕方ない。**救急車のサイレンの音を聞くと、「うちの子じゃないか」と心配になる……**。

「毎日よく生きてるな」と思うでしょう。

うちの母親もよく言っていました。

・超マイペース。ひとつのことに集中しすぎる

すべてをひっくるめて言えば、「超マイペース」。周囲の動きがまったく見えていない。というより、見る気もない、気にかけてもいない。

自分の世界に入っている。

休み時間が終了しても、絵を描き続ける男子。本人に聞くと、「描かずにはいられない」。見かねて先生が、袋を用意してくれ、「授業になったらこの袋に、絵を描いている紙を入れようね」。しかし、今度は算数のノートにずっと落書きしている……。

忘れ物だらけ、注意されっぱなし。至って普通

上記のような特徴は、私にしてみれば「まったくもって普通」です。でも今は、すぐに「発達障害」「グレーゾーン」という枠でくくりがちです。

最近は発達障害についての本があふれ、専門的な知識が一般にも浸透するようにな

りました。良い面もありますが、「うちの子は発達障害じゃないかしら……」「もしかしてグレーゾーン？」と心配しすぎる親が増えた気がします。

担任に、面と向かって「お子さんはグレーゾーンですね」「一度発達診断を受けてみては」と言われてしまう親もたくさんいます。

しかし、実際に発達障害と診断されるのは、ごく一握りです。**男子の大多数は、「多動傾向」「不注意気味」「ひとつのことに集中しすぎる」ものです。とくに低学年のうちはなおさらです。**

そもそも発達〝障害〟という言葉も罪深いものです。

細かく分析をすれば、どんな人間も何かしら「障害」を持っています。

いつも同じ場所でつまずく。買い物に行くと何を買うか忘れる。財布を持たずに出かける。遅刻してしまう。2階に上がったとたんに用を忘れる。携帯をしょっちゅう水没させる……。

覚えられない、わからない、先のことが読めない。人間は、そんなところだらけではないでしょうか。みんな、自分が健常者であると錯覚しているだけではないでしょうか。

私は自分のことをバカだと思っています。「忘れないようにしよう！」と誓ったことを忘れたり、同じところでつまずいたり、イヤになります。でも、**「自分は不完全だからこそ、注意して過ごそう」**と思えるのです。

私の事務所（ブイネット教育相談事務所）には、学校で「グレーゾーン」と言われる子がたくさん来ます。学校で目立ってしまう子が、私の事務所に来るとまったく目立ちません。ここでは、それが「普通」なのです。

小学生男子は「ウルトラガキンチョ」

女子と比べても仕方ない。精神年齢は3歳は下

お母さんはよく、「同じクラスの女子と比べると、あまりに落差があって……」と言います。きっぱり言いましょう。女子と比べてもムダです。男子と女子の精神年齢は、大きくかけ離れています。

小学生男子は「ウルトラガキンチョ」。混とんとしています。おバカさんです。女子と比べたら、3歳は精神年齢が下なのではないでしょうか。図体の大きい子だと、そう言われても相当違和感があるかもしれませんが……。

ある小2の男子は、園児の妹にしょっちゅう注意されています。「お兄ちゃん、また肘ついてご飯食べてる」「また宿題しないで遊んでる」「またシャツが出てる」……。

学年で1、2を争うほど背が高いのですが、精神年齢は4～5歳なのです。

女子は本当にしっかりしています。男女両方の子どもを持った実感からも、そう思います。**7歳の女子を基準にしたら、同学年の男子は4歳くらいです。**

だから、女子と比べてはいけません。上が女の子のお母さんは、下の男の子を「この子大丈夫⁉」と思うことが多いようですが、女の子がむしろすごいのだ、くらいに思っておいた方がいいのです。

同じクラスの女子と比べてもいけません。たしかに、女子は学校からもらってきたプリントを、ちゃんとお母さんに渡すでしょう。宿題もちゃんとするでしょう。だからといって、プリントを渡さない、宿題をしないわが子を、必要以上に心配する必要はありません。

「こんなに幼くて大丈夫⁉」と心配しなくていいのです。

多くの子は4年生にはだいぶ落ち着く

小学生男子について、お母さんがとくに悩むのは低学年、なかでも1年生のときでしょう。1年生の男の子は、どうしようもなくガキンチョです。もちろん、しっかりしている男の子もいますが、多くの男の子がそうです。

そんな男子も、学年が上がるにつれ、だんだん落ち着いてきます。3年生ともなると、ずいぶんしっかりします。中学年という意識も芽生えるのでしょう。

あるお母さんは、3年生で息子が急にしっかりしてきたのに驚いていました。それまで、周りを全然見ないで、運動会の短距離走でも、競争意識なくだらだら走っていたのに、3年生の運動会では足の速い友達に走り方を聞いて練習し、当日は全速力で走っていました。

授業もよく聞き、先生から親へ注意を受けることもほとんどありません。**「1年生のときがすごく大変だったので、まさかという感じ」**とのことです。

4年生ともなれば、すっかりお兄さんらしくなっています。

とはいえ、そこはやっぱり、女子と比べてはいけません。10歳で女子は、早い子は思春期に入りますが、相変わらず男子はウルトラガキンチョです。でも、1年生のときと比べたら、雲泥の差のはずです。

本当に成長するのは中学生。高校生の子も

では、ウルトラガキンチョが大人になるのはいつなのか。目安は中学生です。思春期に入ると、多くの子は急に自覚が出てきて、一気に成長します。

しかし、相当な時間がかかる子もいます。

私は今でも自分の子ども時代を思い出すと、「ああ、なんでおれはあんなバカなことばかりしてたんだろう。恥ずかしい」と、ひそかに身悶えることがあります。


中学2年のとき、教育実習の先生がやってきました。

彼女には何の罪もないのですが、なんとなく直感的にイヤな人だと思い、仲間と一緒にいたずらして授業を妨害したことがあります。

困った彼女は、担任の男性教師に相談したようです。放課後のホームルームで、まず担任から「先生は子どもの将来を思って教員を目指している、立派な人です」などと、彼女をほめたたえる説明がありました。続いて教壇に立った彼女は、

「みなさん……みなさんは、そう、教室の窓の外に見える、あの新緑の若葉のような存在です」

と話し始めました。思わず、タチの悪い私が「ケッ、どこが?」と呟くと、周りの悪童もみな遠慮なく「ケッ」「ケッ」と真似したため、先生の話はシラケたものになりました。

私はそのときの彼女の、射すくめるような鋭い眼光を忘れることがありませんが、自分の直感が正しかったことを確認しました。本当にイヤな子どもです。

当時の私から見れば、女性の先生はただの「おばさん」でしたが、今思うとまだ若い先生でした。ショックだったと思います。

ほかにも、仲間と一緒に悪さをいっぱいしました。通知表に、「良いにつけ悪いにつけ、クラスを思うままにリードしているが……」と書かれて、親から「どういうことだ」と問い詰められたこともあります。

通知表の成績はもちろんよくありませんでした。

まだまだいくらでもあります。問題集の答えを言う授業中に、私の近くの内職をしていた友達が、急に当てられるとします。

私は下を向いて、「エ」とまるで助け舟を出すようにささやきます。

そこで友人は堂々と、「エです」と口にします。

するとクラスは大爆笑。

担任が「エッ？　おまえ何考えているんだ。イロハで答えよという問題で、なんでエなんだ。さては聞いていなかったな」

思い出すのも恥ずかしいほどバカだった私

このタチの悪い遊びは教科を超えてすぐに広まり、授業中誰かが指されて窮すると、周囲のあちらこちらから「エッ」「イッ」「ロッ」とささやきが起こる。回答者は混乱して、何が答えかわからなくなって大笑いになる……。

本当に、何のためにこんなことをしていたのでしょう。バカの極みです。

先生からしたら、本当にやっかいな子どもです。今自分が教師の立場に立つと、「最低だな、おれ」と思います。

小学校から中2くらいまでは、こんなバカなことばかりやっていました。ちなみに**当時のあだなは「バカッパ」**です。

そんな私も、中2の後半で突然、勉強に目覚めます。まるで人が変わったようになり、授業中もいっさい私語をしませんでした。

そうして1年後に、入れるはずのない高校に合格進学するのですが、これで更生したと思ったら大間違い。受かったとたんに、また遊びまくりの生活です。友達の家を泊まり歩いたり、恥ずかしい青春論をぶったりと、好き放題していました。


そうして17歳のとき、またも冷静に自分を見つめるときがやってきます。アホな自分が恥ずかしく、絶望しました。何度も自殺したくなりました。でもそのたびに、母親の泣き崩れる姿が頭に浮かんだのです。

「母親は、どうしようもないおれを一生懸命育ててくれた。それなのに、おれが先に死んだら、今のおれよりももっと、母親は苦しむんじゃないか」と、思いとどまりました。**母親というのは、本当にすごい存在です。**

今でも、子どもを自殺させないのは母親であると確信しています。


私の場合は中2と高2のときに、自分を見つめる時期が来ましたが、大人になってから、という人もいます。

親から見ればじりじりしますが、必ずいつか、自分で気づくときが来ます。

私も本当に、不器用でバカなガキンチョでした。「将来は大物になるかもね」とお世辞を言う人もいましたが、本人は、ただふざけていただけです。悪いことをいっぱいしました。**親にバレていないことも、いっぱいあります。**

何がいったい楽しかったのか。なんであんなにバカなことばかりしていたのか……。

しかし、こうして個人指導の仕事をしてわかります。

たいていの男の子は、まあだいたいそんなもんです。心配しても仕方ありません。

彼らはまだ子どもなのです。

「オモロイ」ことをひたすら追求している

まっすぐ歩かない、風呂上がりに裸でマンガ…

お母さんからよく聞くのは、息子が「まっすぐ歩かない」という話です。

家から駅までの道を、ひたすら「ヒューン！　ドゴーン！」などと言いながら、ふらふらと歩く男子。何かと何かを脳内で戦わせているようです。

学校の帰り、歩きながら突然、忍者のようにササッと電柱の陰に隠れてみたり、人の家の庭にふらりと入ってみたりする男子。帰りが遅いからと心配で迎えにきた母親にも気づきません。

なぜまっすぐ歩かないのか。簡単です。犬の鎖を外したらそうなります。こっちの匂いを嗅いで、あっちに行ったと思ったら、またクンクン匂いを嗅いで……。

犬にとっても男子にとっても普通のことです。まっすぐ歩く必要がないのです。楽しみがあれば走って帰りますが、そうでなければ、**ただ歩いて、すぐに目的地に着いても、おもしろくありません。**

おもしろいものが見えないし、起こらないから、自分の方から「オモロイ」アクションをしているのです。

私にも経験があります。

「あそこの家の瓦が落ちてるな。おれがやったんだよな。ボール投げたとき、当たっちゃったの。そうしたら端っこにある瓦がペコってなっちゃってさ。そのあと、誰もなおさないな〜。お!? 石がある。蹴ってやれ。あ、もうひとつの石に当たった! いひひ……」なんてことを思って歩いていました。

葉っぱがあればそれに触る。もし虫でも見つければ「大もうけ」。

だから、ひとりでニヤニヤしたり、あっちこっち歩き回ったりするのです。

どんどんいろんなことに興味が移り、気づけば迷子になることもしばしば。しかし本人は迷子になったとは思っていません。さんざん子どもを心配して迎えに来た母親に、「お母さん、どこ行ってたの！」と怒り出します。

母親に理解できない男子の行動は、まだまだあります。

「何でも鼻に入れる」「突然お尻を出す」……。どれも、「これやったら『オモロイ』かな？」と思ってやるのです。**「やったら困るかもしれない」なんてことは一切考えません。**すべては実験です。

お風呂上がりに裸のままで本を読んだり、ゲームをしたり折り紙をしたりシュート練習を始めたり……という話もよく聞きます。

男子は「おもしろそうなこと」に興味が移ると、自分が裸であることさえ忘れるのです。

興味を引くものに、すぐ意識が飛ぶ

子どもの頃の私は、授業は聞かない、字は汚い、書けない。鉛筆持つのが嫌い。勉強はできないという、およそ学校にはまったく向かない人間でした。

その半面、ウケを狙った発言をして、授業の邪魔をすることもよくありました。たまにウケると爽快です。先生まで笑ったときは、してやったりです。

クラスの笑いをとるために、わざと先生に叱られる動きをすることもありました。「校庭に集まれ」と言われたら、勝手に木に登り、「降りてこい！」と言われても、「やーだよ」などと言っていました。先生からしたら、本当に困る生徒だったと思います。

ブイネットのU先生も、やはり筋金入りの多動男子です。

50代の今も、家族から「テレビの音が聞こえない」と疎まれるほど、一日中ひとりでしゃべり、旅行先ではどんどん好きなところへ行って迷子になる。

小学校の頃、授業中ずっと後ろを向いてしゃべって怒られたり、「よけいなことをやりすぎて困る」と通知表に書かれていたそうです。

こういう男子の言動を叱ってやめさせても、頭の多動は止まりません。私は目立った言動をしないときでも、延々と授業に関係ないことを考えていました。

（昨日ようちゃんと川でトカゲのしっぽを踏んだの、おもしろかったな。今日はようちゃん、どうするのかな。あ、高山君は遊べるかな……。〈ふと校庭に目をやって〉お、鳥が来てるなぁ……）

そんなときに、「松永君、答えてください」とふいに当てられます。頭は悪かったのですが、急場を切り抜ける方法を思いつくのは得意でした。

「黒板に○○と書いていますよね。それについて考えているうちに、先生の話を聞き損ねてしまいました」

と言うと、先生が「仕方ないな」というように「じゃあもう一度言うから聞いてね」と同じ質問をしてくれます。この悪知恵、ぜひお子さんにも教えてあげてください。

授業中も勝手に発言、隣の子にちょっかい

「なぜまったく周りを見ず、勝手に発言したり授業に横やりを入れたりするの？」
「授業中、横の子にちょっかい出したりするのはなぜ？」
「なぜ黙ってじっと座っていられない？」

母親たちのこんな疑問は、多動気味な男子にとってナンセンスです。彼らの共通点は、「場をおもしろくしよう」「ウケを狙おう」という熱い思いです。一種の「男のサガ」です。授業がおもしろければ、邪魔なんてしません。

多動の子がいなかったら、学校はもっとつまらないでしょう。「こんなつまらない授業、みんなどうして平気なの？　本当はイヤでしょ？」と、**善意からクラスを楽しませているのです。**女子にウケると、ますます調子に乗ります。

バカなことをやっている自覚はありません。「おれ、いいことしてる」と思っているのです。

多動・不注意・過集中は、実はすごい才能

エジソンもアインシュタインも

そもそも、多動だったり、不注意気味だったりすることは、そんなに悪いことでしょうか？

困っているのは母親だけで、本人は家でも学校でも生きづらさを感じている様子はありません。「普通」にしようとする必要が、どこにあるのでしょう？　多動の子が学校にいなかったら、学校はもっとつまらなくなります。

私たちには、たくさんの「オモロイ先輩」がいます。エジソンもアインシュタインもスティーブ・ジョブズも、みんな周囲から「変わっている」と言われていました。でもそういう人たちが、新しい時代をつくり、世界を引っ張ってきたのです。

男子の多動性や不注意気味な性質こそ、新しい発想の源です。否定すべきものではなく、多いに伸ばすべきものです。

学校で浮いてしまうのは、個性が出ている証拠です。学校は「適応しろ」と言いますが、もはやそういう時代ではありません。

「オモロイ」ことをやっている子は、学校では「普通じゃない」と言われますが、世の中にはそういう人がたくさん活躍しています。つまり、それが世の中の「普通」になりつつあるのです。

今は、子どもたちよりも親の方が問題だと感じます。子どもが自由になろうとしているのに、親の求めるところが、「成績を伸ばす」のひとつだけだからです。それが子どもの手かせ足かせになっていると思います。

もちろん、みなさんの息子が全員発明王になれるとは言いません。子どもの気質を尊重した結果、社会生活に適応できない、ただの中途半端な人になったらどうしようと心配になり、それよりは、「そこそこいい学校や会社に入って、無難に社会を渡ってほしい」と思うのかもしれません。

たしかに、自分の好きなことをやり続けている人は、「子どもの頃から成長していない」「大人になれ」と、言われることがよくあります。

スティーブ・ジョブズくらいになれば、「成功した人」として文句は言われませんが、そういうステータスがない人に対して、日本人はとくに冷たいと思います。何かに夢中になっても、「それで結果は？」と聞かれます。

ただ「好き」ではダメで、ヒーローにならないと認めてもらえないのです。

好奇心旺盛なのは「生きる力」が強い証拠

しかし、好奇心旺盛でいろいろなものに手を出したり、好きなことしかやらなかったりするのは、その子の「生きる力」が強い証拠です。

その子にしか生えてこない芽があり、その子にしか咲かない花があり、その結果である実が必ずあります。周りと比べる必要はありません。

子どもの個性を潰したり、無理に矯正したりするような子育てはしないでほしいと思います。

学校がつまらないと感じる年齢は、近年低くなってきています。昔は小学校高学年から中学生くらいの間だったのが、今は小学校低学年ですでに、「学校はつまらない」とはっきり言います。

文句を言わずにガマンして大学まで行って、入学したとたんにパーッとタガが外れる子もいますが、ガマンができない子は、たとえ低学年でも耐えられません。

公立校はとくに、旧態依然とした教育を続けているところもあり、「こんな学校や先生にまともに付き合うのはバカげているぞ」と気づきやすいのです。

私は思います。今、学校に抵抗している子どもたちは、未来に適応する準備をしているのではないか。

将来、他の人が思いつかないことをやるために、今の現実に抵抗しているのではないか。つまらない学校に付き合うのは危ないことだと、本能的に知っているのではないか、と。

学校のような空間でじっとできないのは当たり前

多動な子ほど「野に放つ」と英雄になる

子どもが学校生活に合わないことは、決して悪いことではありません。全員一律の集団生活で、個性的な子がハマりきれないのは当然です。

ブイネットでは、そうした子どもたちが生き生きとしています。私自身が「元祖・多動男子」なので、猛獣のような子どもたちが集まるのは必然です。

対して、連日塾通いの子どもたち。学校から帰ってからもまた、「全員一律」の塾で勉強です。土日も朝から晩まで塾。平日の21時頃に塾帰りの小学生と電車に乗り合わせると、隣の疲れたサラリーマンと同じ顔をしています。あれは問題だなぁと思います。

そもそも、男子の多くは集団行動が苦手です。行列に並ぶのが苦手なのと同じで、学校や塾などの「全員一律」にストレスを感じます。言うことを聞かせるには脅さないとムリです。

ある小2男子は、海へ行くとひとりで沖まで泳いでいってしまいます。しかし水泳教室では、プールサイドで泳ぐ順番を待ったり、「ここまでしか泳いじゃダメ」と決められたりすることに耐えられず、脱走しました。

私と同じ、集団が苦手で、先生の話が聞けず、邪魔してしまうタイプです。でも、マンツーマンで教えてもらうギター教室は、先生とウマが合い、1年以上も続いているそうです。

母親が「あなた、それでよく学校で集団生活ができてるね」と言ったら、「すっごくガマンしてる」と言われたとか。

多動気味だったりマイペースな男の子が異質に映るのは、学校の教室という区切られた場所にいるからです。閉鎖空間におさまりきらないのです。

その証拠に、彼らを自然のなかに放つと、まるで違和感がありません。あっちで川に入り、こっちで虫を捕りと走り回っている男の子は、むしろ英雄です。

指示されることの苦痛

マイペース男子は、指示されるのも嫌いです。

ある小3男子は、先生から指示されるのが何よりもイヤでした。外で遊びたいのに「今日は教室で本を読みなさい」と言われ、逆にじっくりと本を読みたいときに限って「外に出て遊びなさい」と言われるのが、とてもつらいそうです。

図工や音楽の時間は自由にできて楽しいのかと思いきや、そうでもありません。担当する先生によって、かなり状況が違うようです。

やはり小2男子の例ですが、1年生のときは「好きなものを描いて」と言われて自由に絵を描き、ほめられたのに、2年生になって先生が変わると、「これを描きなさい」と指示され、すっかり図工嫌いになってしまいました。

私の生徒は3年生のとき、そんな図工の授業に嫌気がさし、「自分がつくりたいものをつくるんじゃなくて、『こういうものをつくれ』と言われてつくるのは、芸術じゃない」と言い切りました。本当にその通りです。

本来、図工や音楽は、学校の授業で唯一、自分の思いを自由に表現できる、いわばストレス発散の時間のはずです。しかし、最後の砦であるこれら芸術の教科でも、学校や先生の締めつけが厳しく、つまらなくなっているのです。

「うちの子は学校や先生の言うことを聞けない」と嘆く前に、その理由を聞いてあげてください。「だって、○○でつまんないんだもん」と言ったら、「私が小学生の頃は平気だったわ」「私はガマンしてたわよ」などと言わないであげてください。

「学校がつまらない」という子どもを理解すること。「お母さんはわかっているよ」と伝えることです。

「おつかれさま。毎日がんばって学校に行ってるね」「大変だよね。おもしろい授業はある？」「あなたはよくがんばっている。ガマンしているのもわかってるよ。でもお願い。学校だけは行ってね」などと伝えるのです。

家では好きなことをたっぷりさせよう

不登校気味の子どもに会うと、私はまず、「本当にごくろうさま」と言います。それだけで、みるみる子どもたちの心がほぐれます。

彼らは毎日、本当につらい思いで学校に行っているのです。しかも中学校までそれがずっと続くのです。せめて親だけはしっかりと理解して、言葉をかけてあげたいものです。

「学校に合わないのはしょうがない。うちの子の個性」と、親ももう少し肩の力を抜くことです。

そして、学校でつまらない思いをしている分、家ではたっぷり好きなことをさせてあげましょう。

子ども自身も、なんとか学校が楽しくなる方法を毎日探しています。休み時間にたくさん暴れてストレスを発散したり、思う存分絵を描いたりして、バランスを取っているのです。

好きなことがあれば大丈夫です。「人生それ以外にない」と言っても過言ではありません。

好きなことがコロコロ変わってもかまいません。落ち着きがない子は好奇心の塊です。いろいろなことに興味があるのを、親は喜ぶべきです。可能な限り、どんどん好きなことをやらせましょう。

お母さんはあれこれ心配しすぎです！

「死ななければいい」の開き直り

小学生男子のお母さんを見ていて思うのは、「とにかく心配しすぎ！」ということです。

たしかに男の子は心配をかけてばかりでしょう。でも、たいていどうにかなるものです。そもそも**小学校は義務教育ですから、落第させられることはありません。**

ある3人兄弟の母親は、骨折やら頭を数針縫うケガやらが続く子どもたちを前に、すっかり心臓に毛が生えて、「死ななきゃいい」とあっけらかんと笑っていました。

ある小2男子は、小さい頃から、公園で寝ているおじさんを起こそうとしたり、ハトにエサをやっているおじさんと仲良くなって、一緒にエサをやったりしていました。小学生になった今でも、母親が公園に迎えにいくと、知らないサラリーマンとサッカーをしていたり、どこかのお父さんと野球をしていたりするそうです。

彼にとっては、おもしろいことがあって、たまたまその場にいた人とそれを共有したら、もうその人は「お友達」なのです。私もそういう子どもでしたが、この男子の母親は、「誘拐が心配だ」と言うので、「その心配はない」と返しました。

考えてもみてください。誘拐するなら、羊みたいにおとなしくて、「黙れ！」とすごんだら静かになってしまうような子どもでしょう。

ギャーギャー大声で騒いだり、ずっとしゃべっていたりする、**多動気味でおしゃべりで好奇心旺盛な子どもは、「誘拐すると面倒だ」と思われるのがオチ**です。

たとえ「かわいい」と思えても、「かわいい」と「連れていきたい」は別です。

ああなったらどうしよう、こうなったらどうしよう……。先回りして考え、備えたいと思ってしまうのは、女性のサガなのでしょう。それは女性のすばらしい資質だと思います。

しかし、ウルトラガキンチョの小学男子が、先々のことを考えるわけがありません。「あなたのためよ」と叱っても、まったく理解ができません。

男子は事件が起こってから対処するしかないのです。**自分で痛い目にあわないとわかりません。**

うちの息子は
なにしろパワフル!!
とにかく家にいられない
ガサ
ガサ
カエルいたー!!
動き回って大さわぎ
まあいろんな経験しとけば小さいことに動じなくなるでしょ
ママーー!!
モグラひろったー
ガサガサ
ぎゃーー!!
ママは動じてばっかりだけど…

家の外でも中でも、とにかく動きまわる子は、エネルギー過剰タイプです。外に出て友達とたくさん遊んで、痛い目やらおかしな経験やらをいっぱいする。それが子どもの仕事です。

そうした経験が豊富な子は、社会に出てから、ちょっとやそっとのことでは動じない人間に成長するでしょう。

「こんなふうになったのは、私の育て方が悪かったから」「しつけに失敗した」などと思う必要もありません。

私は全然落ち着かない子で、いつも周りの大人に怒られてばかりでした。母親は親族の集まりなどがあると、「あなたの育て方が悪いからこうなった」と責められていましたが、私には、「お母さんのせいじゃないからね」と言っていました。

そう、**息子が落ち着きがないのは、母親のせいではありません**。生まれ持った性質なのです。

もっと適当に、おおらかに、気楽にかまえましょう。

趣味を持って、子どもと距離を置く

子どもを心配するあまり、口を開けば「勉強、勉強」と言ってしまう。悪いところばかり目について、小言が増える……。

それでは子どももストレスがたまります。子どもからすれば、親も学校もいつも同じことばかり言っていて、つまらないのです。

だからこそブイネットでは、初回で親に連れてこられてイヤな顔をしていた子どもが、私と話したとたん、好奇心をむき出しにします。「この人は他と違うぞ。おもしろい話をするな」と思い、次回は自分から来たくなるのです。

ある男子生徒は、「お母さんが最近、先生おすすめのフラダンスに打ち込み始めて、ぼくをかまわなくなったから、すごく快適だよ」と言いました。それまでは「勉強！受験！」と毎日言われてウンザリしていたのです。

一度子どもから距離を置いてください。それには趣味を持つのが一番です。子どもが3年生にもなれば、「あなたもさすがに落ち着いたわよね。私ずっとやりたかったダンスを始めるわね」などと宣言します。「え、どうしたの？」と、子どもは好奇心を持つでしょう。

編み物でも何でもかまいません。ダンスで表現をしたり、ものをつくったりすれば、エネルギーが得られます。

そして、その趣味を子どもに見せびらかすのです。

「ほら、こんなのつくったの。いいでしょう」「どこが」「あなたのもつくってあげるね」「いらないよ！」なんてやりとりをする。

母親の趣味に興味が湧かなくても、母親が何かをやってエネルギーを得ていることはわかります。**親が何かに熱中して、明るく元気なエネルギーを補給することは、子どもにも必ずいい影響を与えます。**

第2章

学校生活をうまく乗り切る方法を覚えましょう

学年別・小学生男子の変遷

3年生で母は「チョロに負ける」

4年生くらいまでの小学生男子には、だいたい以下の傾向があります。
1年生は積極的。
2年生は学校に慣れて、ぐずぐずになる時期。
3年生は自覚が出てきて、やや落ち着く。
4年生は反抗期が早めに始まる。
一概には言えませんが、偶数の年が難しい時期になります。
低学年（1〜2年生）のうちは、ただのガキンチョ。同級生の女子に比べて驚くほど子どもです。

中学年（3～4年生）になると、「チョロチョロ」のレベルが上がります。お母さんは「チョロに負ける」。息子を制圧することをあきらめざるを得なくなります。

この頃には逃げ足が速くなります。息子は小言を言う前に消えています。**母親の方は年々歳を取るし、追いかけてつかまえようにも、負けるのです。**

そして、親の知らない世界を持つようになります。

高学年（5～6年生）は、中学受験もからんで母子間のバランスが難しくなってくる時期です。

親は子どもに勉強させたい。子どもは親の言うことを聞きたくない……。

ここでゲームやスマホを与えるのは、やや危険です。子どもの多くは自己制御できないので、誰かに管理されなければやりっ放しになり、やがて勉強に集中するエネルギーを奪われていきます。

また、機械と同調する習慣がつくと、会話言葉によってコミュニケーションするのが不調になることが多いので、注意が必要です。読書もしなくなります。

6年生は最上級生としての仕事も担い、明らかに5年生とは異なる状態になります。昔だったら、狩りについていける子もいたでしょう。もちろん奥手な子どものままの子も多いですが、ひそかに性ホルモンはどんどん分泌されていきます。

中学生で子ども時代が完全終了

中学1年生というのは、まだまだ子どものままの男子がいる反面、女子は多くが大人化し始めます。そして、多くは本格的な「反抗期」に入ります。

中学2年生は子ども時代の完全終了の時期です。ここからは小学生のときの「学童」ではない「お兄さん」になります。自覚が芽生え、それまで自分のできなかったことを克服しようとがんばれるようになります。

義務教育最終の学年である中学3年生は、小学6年と小学5年が明らかに異なるように、中2と明らかに異なります。言わばもう大人で、やらせれば身の周りのこともできるし、勉強も自分からします。親の干渉ははねつけられます。

高校生になると、クラブ活動が主体の学校生活になります。家へ帰れば、たいていの子がゲームかスマホ。休みの日は友達とショッピングモールかレジャーランド。**もはや親とは完全別行動です。**

先生にいろいろ言われても、基本的に「気にしない」

連絡帳で、電話で、個人面談で…

とくに低学年のうちは、男の子の母親は学校の担任教師にあれこれ言われることが多いでしょう。

お友達とトラブルを起こしたと、電話がかかってくる。「忘れ物が多いので、お家で気をつけてください」と連絡帳に書かれる。

保護者会や授業参観で先生に会えば、「先日息子さんが……」と言われる。個人面談では、机周りがいかに汚いか、授業中いかに落ち着きがないか、日頃の悪行を伝えられる……。

そのたびに、ひとつひとつを真剣に受けとめすぎ、悩みすぎてしまうお母さんも多いようです。

ある小3男子の母は、30分間の個人面談で5回も「残念です」と担任から言われ、こらえきれずについ、「そんなにうちの子はいいところがないんですか?」と涙ぐんだそうです。

すると担任はあわてて、「そうじゃないんです!」と言い、本当はもっとできるし能力があるのに、ふざけてばかりなのがもったいないという意味だと説明しました。つまり、子どもに対してあきらめているのではなく、期待をしているのです。

あきらかな言葉不足ですが、担任と意思疎通ができていないと、こうした誤解が生じます。

「うちの子はダメなのかも……」「私の育児が間違っていたのかな……」と、息子だけでなく自分自身も否定しがちです。

しかし、くり返し述べているように、そんなふうに思う必要はまったくありません。

「男の子の母親とは、いろいろ言われるものである」という開き直りも重要です。

また、そんなふうに言ってくる担任に対して、「あの人はうちの子のことを全然わかっていない」「教師失格では」などと否定に走り、敵対的な態度をとってしまうこともあります。

しかし、毎日担任と付き合うのはわが子です。子どもが手がかかるわ、親は文句を言うわでは、担任は態度を硬化させるだけでしょう。そのツケは、結局子どもに集中します。

そもそも、子ども自身はあまり気にかけていなかったりします。

ある男子は、担任からしょっちゅう小さなことで怒られていました。さぞかし大嫌いかと思いきや、「〇〇先生大好き！」。たしかに怒られはするけれど、授業中はギャグを言っておもしろいし、休み時間は一緒に遊んでくれるからだそうです。

親と子どもでは、先生に求めるものが違うのかもしれません。子どもは「一緒におもしろいことを共有できる人」が大好きなのです。**友達のように接することができる先生に親しみを持ちます。**

ひとりで30人も見る教師も気の毒

考えてみれば、学校の教師も気の毒です。たったひとりで30人も子どもを見させられ、そのなかには私のような、言うことをちっとも聞かない男子が何人も含まれているのです。

クラスを統率するだけでも大変なのに、さらに勉強を教え、理解させなければなら

ないのです。30人分の宿題や連絡帳をチェックするのも大変でしょう。

ある学校では、大学を出たばかりの若い教師が1年生を担任しました。クラスには「ザ・多動男子」という子がいて、教師がコントロールしきれず、クラスは破綻寸前。ところが、ベテランの副担任がついたとたん、あっという間に統率がとれたそうです。20代前半の若者にスキルがなく、未熟なのは当たり前です。そう考えると、「先生も大変なんだな」「うちの子が迷惑かけてすみません」と、素直な気持ちも湧いてくるものです。

最善の方法はというと、**「うまくかわす」**ことです。

担任の言うことをまともに受けとめて落ち込んだり、真っ向から反発したりせず、参考意見として聞けばいいのです。ただし、必要なところではしっかり謝ることが肝心です。開き直るのは心のなかでだけにして、あとは子どもではないのですから、「芸」でやってください。

「失礼しました。いつもご迷惑をおかけします。ご多忙のところを、わざわざ本当にありがとうございます」

と言えば、担任は「子どもは手がかかるが、親はまともだな」と安心するでしょう。子どもに何度注意しても行動が改まらないことは、親のせいではないと担任も内心ではわかっているのです。

過剰に謝るくらいでちょうどいい

落ち着きのない男子を持ったお母さんは、とにかく「謝り上手」になりましょう。周囲にガンガン迷惑をかけながら成長するのが、男子の特性です。学校だけでなく、近所の人にも「お宅の息子さんは……」と注意されることもあるでしょう。

私も子どもの頃は、そんなことは日常茶飯事でした。家に帰ると「ピンポーン」とインターフォンが鳴り、何軒か先のおじさんが、母親と玄関で話しています。いわく、「私が夕方新聞を広げようとしたら、お宅のお子さんたちの声が聞こえてきて、『あー！』という声とともに、ガラスが割れました。これ、お宅の息子さんが食べた飴玉じゃないですか？」

一生懸命に謝る母親を、「人前だと、お母さん声が変わるんだ」とおもしろがって見ていました。反省ゼロです。厳しく叱っても意味がないと悟っていたのか、その後母親も「ダメよ、気をつけなさい」くらいしか言いませんでした。

親が知っているのは氷山の一角で、息子は外で想像以上に大変なことをいっぱいやっています。私もありとあらゆる悪事をやりました。

だから、「いつも申し訳ありません」「お世話になっています」と過剰に言うくらいでちょうどいいのです。

ある男の子のお母さんは、学校から電話がかかってくるだけで、要件を聞く前に謝ってしまうし、**近所の人との挨拶でも、「いつもお騒がせしてすみません」と言うのが当たり前になりました。**そんなものです。

とはいえ、根気よく諭し続けるのも大切

「ちゃんと授業を聞きなさい」を理屈で説明

担任の先生からの注意には、親がとにかく謝っておくのが基本ですが、子どもにまったく反省させないのもいけません。今後の社会生活をうまく送れるようになるために、しっかり教えていくのは親の役目です。

とはいえ、「なんであなたはちゃんとやらないの！」と頭ごなしに叱ったり、ただ単に「先生の言うことを聞きなさい」では、耳を通り抜けていくだけです。**男は理屈の生き物**です。理屈で説明すると、小学生でも意外に納得するものです。

授業中にしゃべって妨害してしまうことを担任から注意されたら、「なぜ授業中に

騒いではいけないのか」を理屈で説明しましょう。

「もし、あなたが先生だったらどうする？　みんなでひとつのことを考えようとしているときに、邪魔をする人がいたら困るよね」

「ひとりで勝手に遊んでいるときは、やりたいことをすればいいけれど、みんなで何かをするときに一番やっちゃいけないのは、人の邪魔をすることよ。それは自由とは言わないよ」

などと言います。

自由のために、秩序の存在を知らしめるのです。

それには、**「待て！」「ダメ！」などの言葉に対する条件反射を練習する**のも意味があります。

騒がなくても、絵を描いたり窓の外をボーッと見たりして集中していない、と担任から問題児扱いをされたときは、

「これからはお兄さんになっていくんだから、家では好きにしていいけれど、学校ではもう少しきちっとやろうとしなさい」

「お父さんもお母さんも、いろいろなルールを守って生きているの。この世で生きていこうと思ったら、そういうことくらいできないと、おかしいと思わない？」

などと言えばいいでしょう。とはいえ、こんな言葉を聞き分けられるようなら、そもそも苦労はないのですが……。

いずれも、一度や二度言ったくらいではなおりません。折にふれ、何度も根気よく伝えていきましょう。そのときの「声音」も大切です。

ウルトラガキンチョですから、浸透するまでには時間がかかります。けれども、**言い続けていれば、成長とともに頭に入るときがやってきます**。とにかくあきらめないことです。やがて、驚くほど改善する瞬間が現れることを信じましょう。

45分間を「オモロく」するコツを教える

「他の子の邪魔をするな」と言われたとき、頭のいい子なら、なんとか授業をおもしろくする工夫を考えますが、低学年ではまだムリでしょう。「どうせ45分間教室にいなければならないなら、できるだけ多くのことを頭に入れなさい」と子どもに伝えて、さまざまなコツを教えましょう。

たとえば教師が黒板に「オセアニア」と書いたときに、一字ずつ顔を上げたり下げたりして「オ、セ、ア、ニ、ア」と書くのではなく、**じっと黒板を見て「オセアニア」と覚え、一気に書く。**

そして黒板を見て、「合ってる！」と楽しむのです。

そのうちに、「三辺の等しい三角形は正三角形である」「日本海側は冬は北からの季節風のために雪が多い」などの長い文章に挑戦します。

間違わずに書けるようになると、快感です。しかも、集中して文章を読んでいるので、頭に入りやすいのです。

文章を覚えられる子は勉強ができるようになります。じっと黒板の字を見てていねいに写すことで、字もきれいになります。一石二鳥です。

漢字にしても、黒板に書いている漢字をただ写すだけでは頭に入りません。「横」という漢字が出てきたら、「木へんね、右側は黄か。オウと読むんだ。黄と同じだな」などと考えながら書く子は伸びます。

教科書を先取りして読んでしまうのもいいでしょう。

とにかく45分間のなかで、いろいろな頭の使い方があるはずです。

先生の話を聞く受け身の授業は、能動的な子にはつらいものです。だからこそ、「オモロイこと」を探すのが大好きな資質を活かして、授業も「オモロイ」時間となるよう、コツを教えましょう。

そういう工夫ができる子は、賢くなります。

とくに今後、理科やら英語やら、どんな授業を受けるにせよ、黒板に書いてあることを理解してから書くという練習はとても大切です。

私が教え子によく言う「化ける能力を持て」

そういったこともできないと言う子どもには、周囲を観察することをすすめましょう。

「今日、先生は赤色のネクタイをしている。昨日は青だった。どうやら手持ちのネクタイは5つらしい」

「あ、今日は靴がいつもと違う」

「こういうときにキレるのがパターンだな」

など、つまらないと思えることでもいいのです。細かいことまで観察する力がついたら、将来きっと役に立つことでしょう。

他の友達がどんなことをしているか、さりげなく観察するのもいいでしょう。頭のいい子をじっと観察しているうちに、勉強のコツがなんとなくわかってきます。何を隠そう、私こそがそうやって一気に成績を上げました。

一日の多くを過ごさなければいけない学校での時間を、人の邪魔をしたり眠ったりボーッとしたりして問題児扱いされるだけでは、もったいないなと思います。親は学校を「オモロく」するヒントを伝授してください。

私が生徒たちによく言うのは、「化ける能力を持て」ということです。

学校に問題児扱いされると厄介です。**本当は「つまんねえなぁ」と思っていても、表には出さないようにします。**危険分子だとバレないように、うまくかわすのです。

それは「知恵」の一種です。世間に染まらず、といって問題児扱いもされないセンを狙うのです。

低学年のうちはまだ意識も低く、自己コントロールも難しいでしょうが、高学年になれば、徐々にできるようになります。

これは意識的にアウトサイドすることも含みます。つまり、「全体」から抜けるのです。

いつまで忘れ物や宿題のフォローをするべき？

「明日の準備をしなさい」の声かけはずっと

息子の忘れ物が多い……。しばしば受ける相談です。翌日の持ち物を忘れる、宿題をし忘れる、せっかくやった宿題を家に忘れる、親に学校から持ったプリントを渡し忘れる……。

なぜ、男の子は忘れ物が多いのか。身もふたもないですが、**「どうでもいい」と思っている**からです。その証拠に、遊びにいくとき、自分の持っていきたいものは絶対に忘れないでしょう。そういうことです。

学校の翌日の持ち物などは、ある程度親がフォローし続けるのは仕方ないことだと思います。ランドセルの中身まで親が用意しなくても、「明日の準備をしなさい」という声かけはずっとし続けることになるでしょう。

宿題をなかなかやらない。言われるまでやらない。言われてもやらない。結局、翌朝にするはめになってバタバタ……。そうした声もたびたび聞きます。

ある中学生の男子は、親との取り決めで「勉強は夜の8時から」と決めました。賢い妹がある日、「今日は夕飯が7時に終わったから、先に宿題を済ませれば、8時からテレビを見られるよ」と言っても、「いや、今はやりたくない。勉強は8時からって決めたから、今は遊ぶ」と言って取り合わず、ゲームをしています。

女性のように、「先にイヤなことを済ませれば、あとがラクなのに……」という考え方はしません。男子はとにかく、**「今はやりたくない」ですべてを済ませる**のです。はっきり言って、明らかに「バカ」なことです。でも、男子はそうするのです。

ランドセルを置くと同時に外に駆け出す小2

小2のTくんは、いつも学校から帰宅後、そっと鍵を開けて家の中に入り、静かにランドセルを置いて、忍者のようにそーっと家を出ていきます。気がついた母親が2階から降りてきたときには、もう広場に向かって駆け出しています。あとには玄関にランドセルの死骸が残るだけ。

この心理、私にはよーくわかります。私も、母親から「宿題やりなさい」と言われる前に消えていました。見つかると面倒だからです。**とにかく逃げてしまえば、まず追いかけてはきません。**女親の本質的な弱点を本能的に知るのです。

家の気配を慎重にうかがって、母親がいる位置を確認し、壁伝いに動いていました。台所の戸棚からお菓子を調達したら、ポケットにねじ込んで即座に外へ。一刻でも早く友達と約束した場所に駆けつけたいのです。

うっかり誘惑に負けてお菓子を食べようものなら、逮捕されてしまいます。大切なのは「目的地」に確実に到達することです。そして、その先に無限の喜びの可能性が存在します。

戸棚は開けっぱなし、ランドセルは置きっぱなし。あとでこっぴどく叱られることになりますが、とにかく「今がよければいい」のです。

ほとんどの女子には「宿題をしないと先生に怒られる」「恥ずかしい」という感情が働きますが、男子にはほぼそんな感情はなく、ただ面倒くさいと思うだけ。宿題の重要さをまったく理解できません。

宿題が何週間分もたまっていて、クラスでダントツに遅れていても、まったく意に介さない子がいます。自分は困っていないからです。

私自身も、宿題をあまりやらない小学生でした。**たまにやっても、汚い字でバーッ**

と書いて終わらせていたので、ほとんど意味はなかったと思います。

宿題は、机に向かう習慣をつけるため、反復練習のためと言います。しかし、私は大人に反復練習させられることをなぜか拒絶していました。

宿題をせざるを得ない仕組みづくりを

とはいえ、やらなければいけないことは、やらなければなりません。早く終わらせる方法を考えるべきです。小学生の宿題なんて量もたかが知れているので、集中すればあっという間に終わります。

だいたいから、「宿題」という言葉がよくない。「今日やったことのおさらい、確認」というのが正しい。

まずは、宿題をする時間と場所を決めさせましょう。しかも、できるだけ早く終わらせます。おうちの方がご飯をつくっている間にやらせるのがいいでしょう。ご飯のにおいがしてきたら、お腹がすいて食べたいので、集中してやるでしょう。

宿題をするまでご飯を出さないくらいの覚悟で臨みます。無事に終わらせたら「よかったね。がんばったね」とほめまくりましょう。

先のTくんの家では、見かねた父親が「宿題をしないと遊びにいかせない」というおふれを出しました。

すると、学校から帰るや否やランドセルから宿題を出し、ものの15分ほどで仕上げて、急いで遊びにいくのです。そのうち、学校の休み時間などに宿題を少しずつ済ませておくというワザも覚えました。

これなら帰宅後、5分くらいで宿題が終わります。子どもなりに「宿題を早く終わらせる工夫」をしているのです。

「遊びにいきたい」「ご飯が食べたい」という欲求に勝るものはないのです。

勉強は家でするものと考える

教科書にあることが全然身についていない…

学校の授業をちゃんと聞いていないため、勉強についていけていない……。それはもうどうしようもありません。

先にも述べたように、授業を「オモロイ」ものにできるよう、お母さんは根気強く教えてほしいですが、ちょっとでも退屈すると意識がどこかに飛んでしまうのが、男の子です。

勉強は家でやる、親が見てあげることが前提、と考えた方がラクかもしれません。

本来、新しいことを知る「勉強」は、おもしろいものであるはずです。そもそも勉強好きな子どもは、「なぜ勉強するのか?」なんて考えません。ただひたすら、新しいことを覚えるのが楽しい、考えて工夫するのが楽しいから勉強します。

現代は親も子どもも、勉強といえば教室で先生の言うことを聞いて、点数を取ることだと思っています。音楽や美術の時間ですら、同じ題材を与えられて、同じようにやれと言われます。

しかし、そんな**受け身の勉強は、つまらなくて当たり前**です。自分からすすんでやる勉強は、やらされる勉強よりも5倍は効果が出ます。

私の教室に通うSくんは戦車が大好きで、話し始めると授業中であろうとおしゃべりがとまりません。

U先生は、授業をそっちのけで、ひたすら聞いていました。大好きなことを夢中になってしゃべる子どもを拒否できないというのです。その子は、それだけ大好きなことがあるから、今日も明日も生きていけるのです。

結局Sくんは2時間授業のうち、1時間55分をおしゃべりに費やし、残りの5分くらいで、「じゃあちょっと英語をやろうか」と勉強に向かいました。その後、彼は英検に合格しました。

大好きな戦車の話をすることでエネルギーが発散でき、たった5分の勉強にも思いきり集中できたのだと思います。しかも彼は、大好きな戦車をきっかけに、世界の戦争や国際情勢についてもどんどん詳しくなりました。

初めに強制的な勉強ありきではなく、子どもは何かに興味を持てば、自分から勉強するものなのです。

サイコロ暗算など遊びから入る

私の教室では、まず「楽しい雰囲気」をつくることを心がけています。一緒にしゃべっているうちに、気が向いてきたら、「よしやるか」と勉強を始めます。

大きな声でしっかり一音一音を発声する音読や、複数のサイコロを使った足し算・引き算ゲームをすることで、子どもの頭を活性化させます。

脳が活性化すると、勉強に対して前向きになります。最後に作文を書かせて、やりたい人はキャロムボード（P118）をして帰ります。

どの子を見ても、「やらされている」という感じはまったくありません。人がやっているのを見て、「ほう、こうなるのか」と勉強しています。ひとつひとつの授業は簡潔で、次々にやることが変わっていきます。だからこそ集中できるのです。

家庭でも同様です。勉強を楽しい遊びに変えられたら最高です。

おすすめは、サイコロで暗算をすること。これは後述しますが、作文なら1枚〇円と、「親が買い上げる」方式にするなど。

「オモロイ」かどうかで、男の子は動きます。逆に言えば、**オモロいことなら、男の子はいくらでも勉強する**のです。

学校にひとりでも認めてくれる先生がいればOK

理解のある担任に当たるかは運

学校の先生のなかには、多動男子を理解してくれる人もいます。たいていは自分も多動男子だった、身近に多動男子がいるといった人です。そうした担任に当たったら、大ラッキーです。子どもも親も、学校生活がとてもスムーズになるでしょう。

しかし、そこは運です。**相性が合わない担任のときは、「今年はあきらめよう」とサラッと流しましょう。**

多動男子の扱いに慣れていない、「まじめ」な先生にあたると、多動男子のあらゆる行動が「問題」とされ、叱る対象になってしまいます。先生に叱られ続けると、学校がイヤになります。「こんなのやってられないよ」と投げやりになります。結果として、ますます先生に叱られ、「問題行動」を起こすことになります。

担任が変わったとたんに落ち着く男子の話は、たくさん聞きます。

ある小3男子の母親は、息子が落ち着きがなく宿題をよく忘れることを、担任からいつも厳しく指摘され、まいっていました。

小4になって担任が変わっても、息子の宿題忘れはなおりません。いつも謝る母親に対して新しい担任は、

「でもね、彼はこんないいところがあるんですよ」

と、学校でのエピソードを教えてくれます。悪い面ばかりではなく、良い面を見てくれていることで、母親は一気に心が軽くなりました。

そしてこの男子も、見違えるように落ち着いてきました。

私も担任から嫌われるクチでした。けれども、小学校生活を乗り切れたのは、他に自分を理解してくれる大人がいたおかげです。

おもしろがってくれる先生や、「おまえは大物になるな」と、お世辞ながらに言ってくれる先生がいました。「これで勉強ができたら最高なんだけどな」と言われたこともあります。

要所、要所でいい先生に出会って助けられたのです。

専科や補助の先生、保健室や司書の先生…

私が思う、いい先生のポイントは、からっとこわい先生です。本当に能力のある先生は威張りません。子どもと友達のように接します。

でも一線はあって、怒るときは短くガツンと怒ります。

口が多少悪いのも、多動男子にはちょうどいいでしょう。会話のテンポが速く、子どもを飽きさせません。

そしてそういう先生は、**「おもしろい子どもに出会いたい」といつも思っています。**

多動男子は「おもしろい子ども」の代表ですから、かわいがってもらえるのです。

もっとよく学校のなかを見てください。担任以外の先生を観察したり、子どもの話を聞いたりしてください。

担任を持っていない音楽や図工などの専科の先生、保健室の先生、図書室の司書さん、あるいは主事さん、どんな立場の人でもかまいません。

息子が「あの先生といると楽しい」という人がひとりでもいたら、その人と仲良くなって、味方につけましょう。**子どもの居場所が確保でき、親の心も少しは安らぎます。**

そうこうしているうちに、6年に1回は、ラッキーな先生にあたるかもしれま

せん。

さらにいえば、学校以外でもいいのです。

習い事に居場所があるという子も多いでしょう。ブイネットは多動男子たちの格好のたまり場になっています。

自分を理解してくれる先生や大人がいる。わかり合える仲間がいる。そういう場所がひとつでもあれば、毎日を楽しく過ごしていけます。

私立校やフリースクールに転校という選択肢

子どもを変えようとせず、学校を変える

ここまで話してきておわかりでしょうが、「息子が学校になじめない！」となげく必要はまったくありません。むしろ、スタンダードだけがよしとされる、画一的な学校になじめないのは、喜ぶべきことではないでしょうか。

かくいう私も、スタンダードからずっと外れてきた人間です。

私は企業に就職したことがありません。学生時代、周囲が就職活動している間、自分には勤め人は向かないと早々に見切りをつけ、当時アルバイトでやっていた家庭教師を本業にすることにしました。

それから40年近くが経ちましたが、収入もあり、家もあり、家族もあり、社会的に

不自由はしていません。世間に合わせず、好きなことをずっとやり続けて、今があります。

あなたのお子さんも、学校のスタンダードにはまらないからといって、悩む必要はありません。**これからは、スタンダードではない人間が活躍する時代です。**

国もそのことに気づき始めています。自分の意見のない人間は、国際社会に出てやっていけません。アクティブにスピーチやディベートができる子どもを育てよう、という流れになっています。それを受けての、2020年の教育改革です。

国よりも早く、「スタンダード人間をつくる公立校は危ない！」と気づいていた親たちは、さっさと公立校に見切りをつけて、個性的な私立校やインターナショナルスクールに子どもを入学させています。

学校に子どもを合わせさせるのではなく、子どもに学校を合わせる。これからは、そういう視点も持ってほしいと思います。

子どもを型にはめようとする学校なら、こちらから見切りをつけて、他の学校を探す。途中入学できる私立小も、探せばあります。また、良いフリースクールもたくさんあります。

ただ、問題はお金がかかるということ。とくにフリースクールは、年間でざっと100万円以上はかかります。すばらしい理念で運営しているスクールを知っていますが、ごく一部の富裕層しか通うことができないのは現実です。

現実にはムリでも、心の支えになる

また、親の悩みをよそに、当の子どもは「友達と離れたくない」などと言って、転校をイヤがったりします。

ある母親が息子に、「もっと楽しい学校に転校する?」と聞くと、「学校なんてどこ行っても同じでしょ」と返されました。

母親は悲しくなりましたが、彼は学校生活すべてに失望しているわけではありません。ほとんどの授業はつまらないけれど、体育や休み時間、給食は大好きで、放課後や土日は友達と体をたっぷり使って遊びまわっており、バランスを取っています。

彼からすれば、親ほどは現状を憂いておらず、むしろ新しい場所で新たに友達をつくる方がストレスだと言うのです。

とはいえ、「いざとなれば、そういう学校もある」と思えるのは、大きな支えになるのではないかと思います。親も子も煮詰まらず、**「なにがなんでも学校でうまくやらなければ」と追い詰められずにすむ**のではないでしょうか。

おおらかに、子どもの成長を見守ることができるように思います。

第3章

7歳から男の子はこう育てていきなさい

くどくどお小言は効果ゼロ。がつんと態度で

怒られ慣れているので耳を素通り

男子は叱られても、痛くもかゆくもありません。ダメと言ってもやります。やれと言ってもやりません。

そもそも、普段からあまり人の話を聞いていません。自分が興味のないことは、何度同じことを言われても覚えないのです。

「お菓子を食べたら、ゴミを捨てなさい」

「ご飯の前には、自分の食器を出しなさい」

毎日同じことを言い続けているお母さんは、「なぜ毎日のことなのに、覚えないのか。いいかげん、言われる前にやってほしい」と思うことでしょう。

しかし、ゴミが落ちていても、食器が出ていなくても、その時点で本人は困りません。ご飯を食べようとしたらお皿がないというところで、はじめて行動するのです。

たいていのお母さんは、最初からガツンと怒らないでしょう。一度目はやさしく注意、二度目は強めの警告。三度目以降に、「なんで、こんなに言っているのにやらないの！」と、ドカンと怒るわけです。

しかし男子は、**最初の2回をいいかげんな返事でスルーしている**ので、三度目に母

親が爆発しているときには「お母さん、なんでそんなに怒ってるの？」と思っています。
本当にやってほしくないことを伝えるなら、たった1回、「絶対ダメ」と伝えるべきです。

男子は基本的に傲慢なので、「なぜそれをすべきか」をわかっていないのに、くり返し同じことで叱られると、「たいしたことじゃないのに、なに怒ってるの？」「もうしちゃったんだし、言ってもしょうがないじゃん」と軽くとらえます。

くどくどお小言をくり返しても、まったく効果がありません。また、怒られることに慣れているので、「この前のあれはあんなにしつこく怒ってたのに、今回はこれくらいなんだ、ふーん」などと冷静に分析しているときもあります。

レッスンに15分遅刻したら帰ってしまう

私の場合、男子は口で何度言ってもダメなことを知っているので、生徒が連絡なく遅刻したときは、15分だけ待って、さっさと帰ります。

よほどのことがない限り、こちらから電話しません。その分の授業料を払ってもらえなくてもかまいません。それくらい毅然とした態度で接します。

そうすると、その子は「まずいぞ」と思って、自分から謝りの電話をしてきます。

何度もくり返す、どうしようもない子もいますが、いかに約束の時間を守らないことがこの国ではマズいことなのかを説明します。これではデートもできません。

このことの躾は大切ですが、どこから母親の管理を離れるかという問題もあるので、なかなか難しいところもあります。

普段小言ばかりなら、あえて沈黙して、子どもを見つめる。男子が「あれ？」と気づいたときに、低い声でゆっくりひと言、「食べたお菓子の袋はゴミ箱に捨てなさい」と伝えるのです。

また、**遠回しな罰を与えても、叱られたこととの関係性がわかりません**。宿題をやらなかったからといって、「今日のおやつはなし」と言っても、なぜそうなるのかわかりません。

時間が経ってから罰を与えるのもムダです。母親は叱ったことをしばらく引きずりますが、男子はすぐに忘れて次のことを考えるからです。**叱るなら、その場でバシッ**

と、が鉄則です。

何度言っても変わらないなら、最終的には、事件が起こるのを待つしかありません。本人が痛い目にあえばやめます。そのうちに「こういうことはしない」「これはやめた方がいい」と体験的に学ぶのです。

男子に言葉だけでわからせるのは、とても難しいことです。大人の力が試されます。

腹の立つことを言ったときはキレていい

男子は素直に「はい」と言いません。いろいろと理屈を並べます。「このことはあまり怒らないのに、なぜこっちは怒るのか」などと責めてくることもあります。

それ自体は頭がまわる証拠なので、悪いことではありません。私も母親によく反論していました。負けを認めるのが嫌いな性格もあります。

最初は口で負けなかった母親も、だんだん嫌気がさして、「勝手にしてよ」という心境になります。

勉強が嫌いな子どもはすぐに、「なんで勉強しないといけないの？」と理屈をこねます。「将来困らないように」などという返事をすれば、「どうして勉強しないと困るの？」と質問攻めにあい、向こうの思うツボです。

ブイネットのI先生は、生徒からこういう質問を受けると、「おまえ、おれに理屈で勝てると思ってんのか？」と対応します。そして、「わかった。じゃあしなくていい。教科書捨てよう！　明日からバイトしな！」と言い放ちます。

「なぜ勉強しなくちゃいけないのか」と聞く子どもは、言い逃れをしているだけです。**「勉強しないなら働け」と、バシッと言ってかまいません。**

母親はつい、子どもが自分で考えてくれるようにと、「勉強しなかったらどうなると思う？」「宿題を出さなかったら先生が困るよね」などとたたみかけますが、男子にそんな遠回しな小言は通用しません。

小言を何百回言うよりも、バシッとひと言言う方が、何倍も効力があるのです。

これはダメ、こうするべきと正論で話しても、屁理屈を返してくるだけです。それよりも、「お母さんは腹が立った」とストレートに伝えることです。

目の前の相手にイヤなことをしたら怒られるんだ、というのは、男子にとって一番シンプルでわかりやすいものです。

男子はせっかくつくった料理を、「まずい」と平気で言うことがあります。よく言えば正直ですが、相手の気持ちなど少しも考えていないのです。

私が「言葉は暴力だ」とわかったのは、高校2年生のときです。クラスメイトの目立たない女の子と話していて、「君って見かけと違って複雑だね」と言ったら怒られました。

その瞬間は、なぜ怒られたのかわかりませんでした。男子の多くは、相手の心、とりわけ女性（母親）の心がわかりません。相手が怒ったときに、「あれ失敗したかな？」と学ぶのです。

だから、子どもが腹の立つことを言ったら、お母さんはキレましょう。怒っても平気な子には、逆に怒鳴らず、冷たい態度をとります。30分くらいしたら「おかしいな、何かやっちゃったかな」と気づくでしょう。

なぜすぐにバレるようなウソをつくのか？

その場しのぎしか考えていない

「歯みがきしたの？」

「うん、したよ」

「歯ブラシが濡れてないじゃない！」

「乾いたんだよ！」

こういう会話をくり返しているご家庭は多いのではないでしょうか。

なぜ男子は軽々とウソをつくのでしょう。
まず**うるさい母親をかわして、早く次の行動に移りたい**。それにはテキトーなことを言って逃げることだと考えるからです。今、目の前のことしか頭にない、男子の特徴です。

また、それまでにウソが見抜かれずに済んだことがあるというのも、大きな理由かもしれません。それまでに、「証拠」がないと見切るからです。

とはいえ、友達間でウソをついてバレると、男子の場合、女子の集団以上にひどい目にあいます。ウソはドロボー扱いの始まりです。

「宿題をやりなさい」と言うと、「本を読んでいるから、あとで」「これから洗濯物をたたもうと思ってた」などと言うことがあります。

母親からすれば、単なる言い訳でしょう。しかし本人は、言い訳やウソを言っているつもりはありません。**宿題をしないことを、どうにかして正当化しようとしているだけです。**

「本を読む」「洗濯物をたたむ」などの理屈をつければ、相手を説得できるし、自分も納得できると思っているのです。だから、「ウソ言わないの！」と怒られると、「ウソじゃないよ！」とつっかかってきます。

ウソをつくたびに見抜かれてしまったら、ウソはつかなくなります。

躾として絶対に見逃せないウソをついたときは、しっかりと問いただします。「あなたが言っていることは、〇〇だからおかしいでしょう。ウソなのか、冗談なのか、どっちなの」と冷静に強く言えば、次からウソをつけなくなります。

他の人の前では素直になれない男子が多いので、できるだけ1対1で問いただしましょう。

話をおもしろくするためのウソは一種の才能

「おれのお父さん、昨日みかん1個をひとくちで食べたんだぜ」
「おれのパパは、バナナ1本をひとくちで食べたよ」
「おれのお父さんなんて、りんご1個をひとくちで食べるんだぜ！」
……幼稚園児ではありません。小学生の会話です。

女子なら、「さすがにウソだとバレるな」と歯止めが効きますが、男子は違います。**とにかく相手よりすごいことを言ってやろう、としか思っていません。**話がおもしろければ、ウソでも何でもいいのです。

「へぇ〜」と感心したり、「え！」と驚いたりしながら、最後まで話を聞いてやれば、きっとおもしろくて壮大な話が聞けるでしょう。

男子は不完全な生き物です。不完全なものと付き合うのに、まじめになってはいけません。「すぐに正さなければ」と思ってはいけないのです。

「なんでそうなるの？」といちいち話の腰を折らずに、適当にあいづちを打ちながら話半分に相手をして、息子が最後に「ウソだよーん！」と言ったら、「やられたわ！」と、ひとこと言えばいいのです。

相手の反応を見ながら、どんどん話をおもしろくしていくことは、けっこう頭を使います。一種の才能です。

「おもしろくしよう」と思ってつくウソや冗談には、おおらかに対応してあげてほしいと思います。

作り話が好きな子には作文を書かせよう

そういう作り話をするのが好きな子には、作文を書かせるべきです。

ある小2男子は「夏休みの思い出」という作文で、おばあちゃんの家での出来事を書きました。おばあちゃんの家にねずみが出て、猫がそれを追いかけたら、ねずみが家の外の大きな花瓶のなかに入ってしまった。猫は必死で腕を伸ばしてつかまえた。おばあちゃんは「家に猫がいてくれると助かるわ」と言った、というものです。

しかし、この作文を読んだ母親は、「おばあちゃんの家では猫を飼っていないのに……」と真剣に悩んでしまいました。たぶん、ねずみが出たところまでは事実なのでしょう。それ以降は、すべて彼の想像です。

まじめな母親は、「なぜ学校の課題にウソを書くのか……」と思ってしまうようですが、まったく問題ないと思います。

この子は、ねずみと猫が追いかけっこをするアニメが大好きだそうです。ねずみを見た瞬間にアニメが思い浮かび、どんどん想像のエネルギーが湧いてきたのでしょう。**パッとおもしろいことがひらめいたら、ウソかホントかなんて関係なく、どんどんおもしろい方向へと向かっていく**のが男子なのです。

男子も女子もだいたい小学校5、6年生くらいまで、こうしたおもしろい作文をのびのびと書きます。しかし、4年生頃から、塾やら受験やらの勉強に圧迫されてしまうと、とたんに自由でおもしろい作文が書けなくなってしまうのは、もったいないことです。

男子には野性的なエネルギーを発散し、注入する場が必要

放課後の外遊びの時間がすべてだった

男子にもっとも必要なのは、エネルギーをたくさん取り入れて、それを発散することです。遊び、スポーツ、芸術などで、正しいエネルギーの吸収・発散の仕方を知っている子は、将来何をやっても間違いなく大丈夫です。

虫を必死で追いかけてつかまえたり、思いきり走ってボールを追いかけたり、夢中で絵を描いたり。なんでもいいのです。

エネルギーの吸収・発散で一番おすすめなのは、自然環境で遊ぶことです。

男子はバッタを見つけただけで、目の色を変えて追いかけます。つかまえたら「見

て見て！」と大興奮して知らせにきます。

「バッタくらいで」と親は思うかもしれませんが、大げさではなく、彼らは**「バッタ」から唯一無比のエネルギーを得ている**のです。

宮沢賢治だって、作品のほとんどは、動物や自然に触発されたものです。自然からエネルギーをたくさんもらって、それを文学で発散しているのです。

ノーベル賞をとるほどの有名な研究者や学者たちもみな、「子どもの頃は田舎で駆け回っていた」と言っているではないですか。

小学校の先生から嫌われていた私は、毎

ダンゴムシからエネルギーをいただく…
手は洗おうねー

日毎日、イヤな目にたくさんあいました。でも、そんな私が折れることなく、雑草のようにしぶとく生きることができたのは、自然環境でめいっぱい遊んだからです。

放課後に思いきり広い場所で、友達と「ワーッ」と遊ぶと、何もかも忘れます。**教室でのイヤなことなんて、走り出した瞬間にゼロになります。**言葉は悪いですが、「ざまあみやがれ！」てなもんです。

あとは泥んこになって、お腹ぺこぺこになって、家に帰ってご飯を食べてお風呂に入って寝るだけです。すっきりリセットされて、また次の日から学校に行けます。

意識的に自然に連れ出す

そうやってエネルギーを吸収・発散しているうちに、個人の持っている生命エネルギーが、まるで地面に根を張るように、どんどん大きくなっていきます。

目には見えなくても、地面にある生命エネルギーである「球根」を、大きくしているのです。

小学校高学年くらいまでにこの球根がしっかりと育っていないと、その先ひょろひょろとした芽しか出ません。**都会の子どもはとくに、ムリにでも自然のなかで遊ばないと、育ちが悪くなります。**

十分に自然にふれて、たくさんの人にふれて、多くのことを吸収して、大きな「球根」をつくりましょう。

教室内で落ち着かない多動タイプの男の子は、自然に連れ出すのが一番です。自然のなかには、気になるものがいっぱいあります。

野生に帰って元気いっぱい跳ねまわったり、さまざまなものを発見したりするでしょう。そこでは彼らは、「問題児」ではなく「英雄」です。

たき火のすすめ

DNAレベルで人を活性化させる火の力

ゲームやテレビのような人工物ではなく、自然のもの、「生」のものは、人間を根本から元気にしてくれます。

プラネタリウムもすばらしいですが、本物の星空の方がもっと感動します。食べ物だって、お惣菜や冷凍食品を温めて食べても、心から「おいしい！」という感情は湧いてきません。旬の野菜や果物を食べると、生き返るような心持ちになります。

「生」のものは、人を興奮させたり、逆に精神を落ち着けたりして、エネルギーの吸収・発散を促します。

その「生」のなかでも、私が一番すばらしいと思うのが「火」です。
人間には「火を見たい」という欲求や、「火を見ると落ち着く」という「本能」があります。ろうそくを灯すだけでも効果があると思います。遠くに見える花火ではダメ。小さくても、「炎」であることが肝心です。

なぜ火を見ると、エネルギーの吸収・発散になるのか。科学的な説明はできませんが、原始の時代から、火のまわりに集い、火を生活の中心に取り入れてきた、人間のDNAが騒ぐのではないでしょうか。
こうした火の効果は、学習にもいい影響を与えると、私は確信しています。なぜなら、もう10年以上教え子たちとたき火を続け、その効果を目の当たりにしているからです。**たき火をさせると、子どもたちはどんどん元気になります。**そして、勉強にも自分で取り組めるようになります。

野外で風を感じ、火にあたり、旬のものをその場で食べる「生」の体験を通して、彼らはみるみる元気になり、さまざまなことに意欲的になります。たき火で肉やソーセージを焼いたり、マシュマロを焼いたりすると、不思議と普段食べているものよりおいしく感じます。

たき火に子どもたちを連れていくのは、我々大人の役目ですが、着いてからは何の指示もしません。

「これやっていいですか？」と聞きにくる子どももいますが、ほとんどの子どもが、広い河原を見た瞬間に勝手に走り出し、川に飛び込み、枝などの燃えるものを見つけたり、落ちているものに興奮したりと、天性の感覚を取り戻します。

大人の見えないところまで行ってしまう子も、必ず火のそばに戻ってきます。**火はすべての行動の中心点になる**のです。

ゲーム漬けの子が野性を取り戻す

私たちが行うたき火には、15メートルくらい火柱が上がる本格的なものもあります。バチバチと大きな音もします。ある小2の男子が、家族とのバーベキューで火柱が上がったのを見て興奮したそうですが、我々のたき火を見れば、もっと大騒ぎをするでしょう。

たき火ほど、人を活性化させるものはありません。

そもそも私がたき火と出会ったきっかけは、10年以上前にさかのぼります。毎日パソコンと向かい合っているうちに、プールやサウナに行ってもスッキリしないほど疲れが溜まり、どうしようもなくなっていたときです。

友人からたき火に誘われて行ってみると、そこに仕事に疲れて顔色が非常に悪い人が参加していました。彼はHP制作のために、この1週間、毎日18時間もパソコンの画面を見つめていたと言います。

たき火に手をかざした彼は、目を閉じてまるで祈るように、

「これだ。これしかない。電磁波になった情報が、たき火の炎で相殺されていく」

と口にするのです。そして、**みるみる顔色がよくなっていきました**。もちろん私もそのことを体感していました。

ちょうどその頃、オンラインゲームのやりすぎでおかしくなった子に、田舎で土をいじらせたり歌を歌わせたりしたら治った、という話を聞いていたので、「たき火に子どもを連れてきたらどうなるかな？」とやってみたのです。

想像以上の効果でした。最初のたき火に連れてきた子どもは、もう立派な大学生や社会人になっています。実に活動的な生き方をしています。

他の親子と一緒にバーベキューやキャンプへ

それほど遠くに行かなくても、ちょっと郊外へ行くだけで、バーベキューやキャンプができるところはあります。星を見ることもできます。川遊びなどのちょっと危険な遊びは、親がいるからこそできることでしょう。

もちろん、キャンプやバーベキューだけでなく、旅行でもＯＫ。とにかく普段の生活では味わえない、自然の多い場所に行くことです。子どもをボーイスカウトに入れる手もあります。

子どもが小さいなら、できる限り外に連れ出すだけでもいいでしょう。晴れても雨でも毎日散歩をさせる幼稚園もあります。歩いていると足が鍛えられるし、いろいろな発見もあるし、いいことづくめです。

小学3、4年生くらいになると、「親に連れられていく場所はおもしろくない」と認識し、一緒に行くのをイヤがる子もいるでしょう。また、父親が非協力的など、母親ひとりでキャンプに連れていくのが困難な場合もあるでしょう。

そういうときは、同じ考えを持つ親とコミュニティをつくることです。「他の親と付き合うのは面倒」などと考えず、子どものためにも親のネットワークを広げましょう。普段付き合っている人とは違うコミュニティを持つと、親も世界が広がります。

キャンプ好きな父親のいる家庭に、一緒に連れていってもらうなど、親が主体的に動くべきです。**「母親と行くのはつまらない」と思っている子も、「友達と一緒なら行く！」と前向きになります。**

「勝負事」のアナログゲームをさせる

トランプや将棋で、勝つために燃える

男の子にぜひさせてほしいのが、勝負事のある遊びです。囲碁、将棋、カードゲーム、トランプ、どれもいいでしょう。

男子は勝ち負けがあると燃えます。**なんとかして勝つために、あの手この手と工夫をします。これが地頭を鍛えるのです。**

男子のなかには、親が「もう付き合えない」と音を上げるほど、勝負にのめり込む子もいます。負けたら悔しくて、勝つまでやめません。私もカードゲームやトランプが大好きな子どもで、しかもかなり強い方でした。そして、その自信が勉強にもつながったのです。

勝つまでやらされると、親は疲れますが、子どもの成長にとってはいいことです。負けず嫌いな子は、忍耐力があります。

逆に、負けると「もうやらない」と放棄してしまう子もいます。そうした場合には、親がわざと負けて、子どもをいい気分にさせるのもひとつの手でしょう。勝つと調子に乗って、「もう一回やろう！」などと言います。

子どもの性格に合わせて対応してあげてください。

「狙う」というのがいい、キャロムボード

勝負事のゲームで私が強くおすすめしたいのが、キャロムボードです。これはインド発祥のゲームで、日本ではあまりなじみがありませんが、アジア諸国やヨーロッパなどでは広く親しまれています。

世界選手権大会もあり、ＹｏｕＴｕｂｅなどでも見られます。

ルールは簡単で、手ではじくビリヤードを想像してもらうといいでしょう。ボード

に置かれた19個のコインを、打ち手が「ストライカー」と呼ばれる手玉で滑らせ、四隅の穴に落としていきます。

実際にやってみると、**落とすのがかなり難しく、単純ながらも熱中してしまうゲーム**です。

この、コインを落とすべく、「狙う」という作業がいいのです。

集中力を養います。また、玉の読みや作戦などの状況判断力も養われます。

神経を集中しながら指先を使うので、右脳発達に役立つと評価されています。

ブイネットにも置いてあり、音読や作文、算数の授業などをひと通り終えたあとに、

30分ほどこのゲームをして帰るのが、ほとんどの生徒のルーティンになっています。

その昔、元祖天然ガキンチョの小学生男子に勉強を教えたことがありました。彼はとにかくこのキャロムボードにご執心で、相手にコインをとられそうになるたびに、「やめろやめろ！」と大声で叫ぶような子でした。

電車が大好きで、年がら年中ひとりでどこかに出かけていくような子どもでしたが、学校では問題児扱いをされていました。負けず嫌いな彼は、伸びしろがたくさんある子で、中学受験も難なくパスしました。

このキャロムボードは日本でも購入できます（六角堂）。ひとつひとつ手でつくる木工製品のため、少々値段が張りますが（コンパクトサイズで17000円くらい）、つくりがシンプルな分、高学年、中学生になってもずっと遊べるので、持っていて損はないと思います。

立体パズルなど知育玩具をリビングに

将棋や囲碁は、頭がよくなるゲームの代表格です。

将棋の元名人の米長邦雄氏が言ったとされる名言に、「兄たちは頭が悪いから東大へ行った。自分は頭がいいから将棋指しになった」というものがあります。

東大を1点差で落ちてしまった私の昔の生徒も、高2まで囲碁の奨励会に入っていました。奨励会に入るだけでも大変ですが、全国から集まるトップクラスの人間を打ち負かして昇段するのはとても難しいことです。

しかし、そうした厳しい勝負の世界で頭を使ってきた人は、塾などに行かなくても、本当に頭がいい人ばかりです。私の知る限りですが、奨励会を退会した子どもは、その後京都大学や早稲田大学などに進学しています。

私の教室では、授業の一環でサイコロゲームをやっています。10面体や20面体のサイコロを複数使って、瞬時に足し算や引き算をする遊びです。勝負好きな子どもにはうってつけです。計算力はもちろん、サイコロの目を見るための集中力、とっさに答えるための瞬発力なども養われます。

勝負系のゲームがいいと言っても、必ずしも相手がいなくてもかまいません。ひとりで遊ぶゲームでも、達成したときには、勝負に勝つのと同じ快感があります。

教室の中央にあるテーブルには、いわゆる知育系のカードゲームなどが所狭しと置いてあります。雑然とした光景ですが、子どもたちは音読や作文の授業のすき間に、好きなものを手にとって遊ぶことができます。

こうした頭を使う知育系ゲームも、見えないところにしまっていては意味がありません。2階に上がり、自分の部屋の引き出しを開けて……というのでは、面倒すぎて遊ばなくなるでしょう。

「思ったときにすぐに遊べる」のが、とくにめんどくさがりやの男子にとって重要です。家のなかはゴチャゴチャするかもしれませんが、リビングの一角にこうした知育系ゲームを置く場所をつくるといいでしょう。

●おすすめ知育系ゲーム

- ・ノイ（Neu）カードゲーム
- ・イコールカード
- ・ソリティア
- ・Dominoes
- ・どうぶつしょうぎ
- ・ハナヤマの「かつのう」シリーズ（王将出陣など）
- ・ロンポス各種
- ・タントリックス ディスカバリー
- ・ペントミノ　etc.

ブイネットには部屋の真ん中に大きな机があり、誰もが自由に遊べるよう、おもちゃや知育系ゲームが所狭しと置いてある

習い事は無理強いしない。合わない所はさっさとやめる

わざと爪を汚くして、辞めたいピアノ教室へ

芸術やスポーツなどの「芸」や「技」でエネルギーを吸収・発散することは、成長期の子どもにとって、とても大切です。

小学校の授業から、図工や音楽や体育の時間がなくなったら、子どもたちにもっと生気がなくなるでしょう。最近は英語やパソコンなどの新しい科目を取り入れるため、これらの時間がどんどん削られています。

だからこそ、家では芸術やスポーツに関連した習い事をおすすめします。

とはいっても、親が無理強いするのは絶対によくありません。

私は子どもの頃、母親からたくさんの習い事をさせられました。ピアノ、バイオリン、オルガンなどの音楽的なものから、習字、絵画、水泳まで。

しかし、当時の私は外で遊ぶこと以外に興味がなかったので、水泳以外はすべてイヤイヤです。**いつも、どうやったら辞められるか、策を練っていました。**

ピアノ教室が始まる直前に両手で土を掘って、爪をわざと汚くして行ったことがあります。とうとうピアノの先生が母親に、「お子さんはやる気がないみたいです」と最後通牒をつきつけました。そのとおりです。

そういう悪知恵は昔から無限に湧くのです。

スポーツの習い事では、失敗した子どもに監督が罵声を吐くなど、いまだに古くさい慣習が残っているところもあります。こうした運動会特有のノリ、体育会系のノリについていけない子も当然いるでしょう。

「耐えるべき」などと考える必要はありません。**学校ではないのだから、おもしろくなければ、すぐにやめていいのです。**

集団行動が苦手なので、サッカーや野球といった団体競技はムリそう。だから、水泳や合気道などの単独行動のスポーツを……と考える親も多いですが、必ずしもその子に向いているとは限りません。

水泳教室でも、泳ぎ方を指示されるのがイヤ。順番を守らないといけないのがイヤ。ただ自分は自由に泳ぎたいだけなのに……という子もいます。

そうした子は、ムリに教室に通わせず、週に一度でも親がプールに連れていってあげればいいでしょう。**泳ぐのがへたくそなのを、周りの子に見られたくないという、男子特有のプライド**もあります。

プール通いである程度泳ぎが身につき、自信がついたら、教室に入る気になるかもしれません。

マンツーマンなど手厚い指導が向くことも

習い事は、先生や教室との相性も大きいです。

K君が1年生のときに通っていた絵画教室は、テーブルにある画材で各々自由に絵

を描いたり工作するというスタイルでした。自分のやりたいことが見えている子には向いているのでしょうが、K君はまだそこまで成長しておらず、何をやったらいいかわからない状態。

　結果として、隣の席の子にちょっかいを出したり、騒いでばかり。半年通って、とうとう先生から「まだK君には早いのでは」と、やんわり退室をすすめられてしまいました。

一方、2年生で通い始めた造形教室は、非常に面倒見がよく、課題もしっかり出してくれます。その課題も、1月は絵画、2月は木工、3月は縫い物とバラエティに富んでおり、しかも自分のつくりたいものをつくるので、飽きっぽいK君も飽きない。また、先生も多動男子に理解のある人で、K君の個性を認めてくれる。K君は毎週楽しみに教室に通い、図画工作の腕前もどんどん上がっています。

学校の先生を選ぶことはできませんが、習い事の先生は選べます。子どもに合っていないなら、さっさとやめて次を探しましょう。

お金はかかりますが、マンツーマンの方がいい場合も大いにあります。

そして、マンツーマンであろうとなかろうと、**先生との相性は、習い事をするうえで一番大切**だと思います。

運動が苦手な子にはどんなスポーツをさせたらいい？

「運動しまくりたい！」波が2回ほど来る

とにかくスポーツが大好きで、一日中、回遊魚のように動いていないとダメというお子さんがいます。

サッカー、野球、水泳、ドッジボール、バスケットボールと、次々にやり出した小3男子。家のなかでも常にボールを投げたり追いかけたりするので、家具が次々に壊れます。インフルエンザで学校を休んでいるときでさえ暴れまくります。

「このままでは運動しか取り柄のない子になるのでは」と、親は心配しています。

こういうお子さんは、「運動しまくりたい！」と思う波が思春期に2回ほど来ます。

私の予測では、小学4年生と中学2年生あたりです。もちろん、人によってそれは違います。

運動をしたくなるのは、**「いつでも思った通りに体が動く状態にしておかないといけない」という動物的な本能**なのです。それ自体は心配ありません。高校3年生の夏まで部活に全力注入して、最後の大会が終わったあと、つきものが取れたように受験勉強に集中するという男子の話は、よく聞きます。

そもそも、スポーツをするときには知的能力も使います。

野球が大好きなら、選手の名前を覚えたり、ルールに詳しくなったりすることで、記憶力が高まります。ファースト、セカンド、ライト、レフトといった英単語を覚えることは、英語への入り口にもなります。

テレビやネットを見ているだけ、ゲームをしているだけ、という受け身の子どもに比べれば、はるかに知的学習をしています。

ただ、たしかにスポーツができることに満足してしまって、頭を鍛えることに興味がなくなってしまうのは問題です。一流の運動選手でも、何億円も稼いだのに、選手生活が終わったとたん、全財産を使い果たしてボロボロになる人がいます。

一方で、ドイツのサッカー選手オリバー・カーンのように、引退後に大学に通ってMBAを取り、起業する人もいます。

できれば後者のように、運動だけでなく知能も高めようとする人になってほしいものです。

だから私は、「スポーツが得意だから、勉強はしなくていいんだ」という子どもに、はっきりと言います。「一生懸命にやることはいいことだ。でも、同時に知能も高めなければ、将来の成功につながらないよ」と。

小学生には通じないでしょうが、親が危機意識を持っておくことは大切です。将来、「スポーツでは食っていけないんだ」と本人が自覚したときに、ショックを受けないようにしておくのです。

「おれには野球しかない」という人生はかわいそうです。「おれには野球もある」という人生にしてあげたいと思います。

超運動音痴だった私も中学から追いついた

「うちの子、運動が苦手で、どうすればいいですか？」と聞かれることもあります。「男子は運動神経がいいもの」という固定観念がある母親は、息子がスポーツをやりたがらなかったり、運動音痴だったりすることに、不安を感じるようです。

しかし、かくいう私も運動音痴でした。毎日外遊びで走りまくっていたし、木に登ったり塀の上を走ったりするのは大得意だったのですが、水泳以外の体育の授業はからきしダメでした。

跳び箱は飛べない、走るのは遅い、体操は不格好、周りと一緒に合わせられない、バレーボールを受けようとすれば顔に当たる……。もともとの運動音痴に加えて早生まれだったので、幼稚園の頃から周囲に追いつけず、スポーツに対して完全にコンプレックスを持っていました。

中3の頃、体育の授業で跳び箱にしがみついていた私を、あきらめの目で見ていた体育の先生を覚えています。卒業式のあと、校門のところでその先生に、進学する高校を尋ねられ、これに答えると、「なんだ、おまえ勉強できたのか」と驚かれました。彼は頭のよさを運動能力で測る人だったのでしょう。「こんなにバカなやつが、なんで○○高校に⁉」という本心が顔に書いてありました。

そんな私でも、**中学2年生頃から、周りに少しずつ追いついてきた**感触がありました。スポーツをしても、それなりに動けるようになりました。子どもの頃に外遊びをたくさんしたり、水泳をしたりして、基礎体力はあったのでしょう。

すっかり成長してしまったあとで、ゼロの状態から運動能力をつけるのは、ものすごく大変です。

習い事を無理強いする必要はありませんが、できれば子どもの頃に外遊びで基礎体力をつけたり、水泳など興味のある運動を続けたり、親とキャッチボールをしたりして、少なくとも**クラスの真ん中くらいを目指しておきましょう。**トップでなくてもそれくらいなら、誰でも維持できます。

モンテッソーリ式で息子はスポーツ万能

私の生徒で、1年生のとき運動会でビリだったので、ランニングの専門家のコーチを受けた子がいました。それからは走るのがだんだん速くなり、翌年の運動会では一番になれたそうです。

私も妻もそろって球技が苦手なので、長男も苦手になるのではと危惧し、知り合いのモンテッソーリ教育の先生に教わった、ある方法を試してみました。

赤ちゃんのときに、寝ている子どものお腹の上に天井から、ゴムでできたバスケットボール大のボールをぶら下げたのです。ゆれるボールを手で受け取ったり放したりして遊んでいるうちに、彼は球技が得意になりました。

小学校のときは、本人希望で毎日体操教室、水泳、テニス、ラグビー、合気道と通っていて、スポーツは何でも得意です。

息子の中学の運動会を見た私の母は、
「信じられないことだね。あんたのときは、ひとりダメな子がいると思って、よく見ると、あんた。かけっこで、はるか後ろを走っているのも、あんた。ところが孫の場合は、活躍しまくり。各競技で決勝に残り、リレーはアンカーでごぼう抜き。こんな運動会があるなんて、信じられないことだね」
と驚いていました。

日本人の運動能力が落ちていることについては、国も危惧しているため、中学校や高校で全員運動部に所属することを義務づける提案も出ています。しかし、こういう無理強いは危険です。義務化されたからといって、全員が「運動好き」になるわけがないのです。

家庭でも、「やらされ感」を子どもが感じない程度に、そこそこ思い通りに体を動かせるよう、配慮しましょう。

●男子育児にお疲れママがクスッと笑える本

デイビッドがっこうへいく
デイビッド・シャノン／作・絵
小川 仁央／訳
評論社　1300円+税

アメリカにもいた! 超マイペース男子のデイビッド。授業中よそみをする、友達とケンカ、先生に叱られてもずっとお絵描き…。「やれやれ」と思うものの、素で生きる彼のかわいさ、純真さにほっこり。小学男子本の傑作。

だめよ、デイビッド!
デイビッド・シャノン／作・絵
小川 仁央／訳
評論社　1300円+税

デイビッドシリーズ第一弾。デイビッドは5歳くらい?おもちゃは散らかしっぱなし、テレビをずっと見てる、部屋の中で野球…。ママにずっと怒られているけれど、きゅんとくる最後。

デイビッドがやっちゃった!
デイビッド・シャノン／作・絵
小川 仁央／訳
評論社　1300円+税

失敗すると、「ぼくのせいじゃない」「わざとじゃないもん」と言い訳ばかりするデイビッド。でも、どう見ても自分のせい…。男子あるあるが詰まった1冊。

第4章

ハマったらとことんやる。それが彼らの勉強スタイル

なかなか勉強に身が入らないのは、世界を広げているから

男子は勉強面でも遅咲き

　男子は勉強面でも遅咲きです。やる気になるまでに時間がかかります。小学校の高学年になっても、一向に勉強に身の入らない息子を見て、がっかりしたり心配になったりするお母さんも多いようです。

　しかし、彼は今、自分の世界をせっせと広げているところなのです。勉強のかわりに、毎日たっぷり遊ぶ。スポーツだったり絵を描くことだったり、好きなことをとことん追求する……。

　それが勉強に転化されることも多いものです。たとえば私の場合、小学生のときは、**毎日外で遊びまわって、虫やら自然やらにものすごく詳しくなりました。**おかげで理

科だけは得意科目になりました。

また、偉人伝にハマり、むさぼるように読みました。織田信長、リンカーン、ワシントン……。高学年になってから、偉人伝は話の大部分が脚色されていることを知りショックを受けましたが、おかげで歴史もよくできました。

では、いつになったら勉強に目が向くようになるかですが、その時期は本当にさまざまです。小学高学年で目覚める子もいれば、中学・高校になってようやく目覚める子もいます。私の小学校の通知表はずっと、5段階の3ばかりでした。バカなウルトラガキンチョのまま、公立中学校へと進学しました。

170cmでまだ缶けりをしていた中2の私

転機は中学2年生のときです。2学期の成績表で、国語・数学・英語に2がつきました。「さすがにこのままじゃまずいぞ」と、初めて自覚しました。それまでも母親からは小言を言われていましたが、どこ吹く風でした。

しかし、この成績表を見て、さすがに父親が出てきました。

「おまえ、まだ缶けりっていうのやってるのか？」と父。

「やってるよ」と私。

「ベーゴマやメンコもやってるのか？」

「やってるよ」

「……おまえね、来年は中3だろ。なんかおかしいと思わないか？　普通、学校の勉強なんてさ、授業の前日に教科書を2、3ページ読んでおいて、授業を聞いて、ノート取って、試験前にもう1回勉強すりゃ、3か4はとれるんじゃないの？　いつまでも小学生同様で、それでもいいの？」

後にも先にも、父親が私に勉強に関することで苦言を呈したのは、このとき1回きりでした。

たしかに、まだ缶けりをやっている私は、もう身長が170㎝近くありました。近所のおばさんが私より小さくなっていました。**塀の上を走ると、目線が高くなってい**

ました。そこから飛び降りると、隣のおばあさんが腰を抜かしました。

「遊びはやり尽くしたな」と思い始めたときと、成績を見て「まずいぞ」と思ったときが重なり、そのうえに父親のひとことがガツンと効いたのです。

そこで私は、やっと我に返りました。

遊んでいる限りでは、私の知能は絶対に友達に負けません。それなのに、勉強ではみんなの方が点数が高い。なぜ？

「くやしい」という気持ちが初めて湧いてきました。

それまでの私は、遊びに全精力を傾けていました。それが、ある日突然、勉強へと興味の対象が移ったのです。

どうしたら上位に行けるか徹底研究

まずは「調査」です。夜に自転車でクラスメイトの家をまわり、部屋の明かりが消える時間を調べました。翌日、「昨日何時に寝た?」と友人に聞くと、たいてい実際の消灯より早い時間を答えます。

調査の結果わかったことは、勉強ができるやつは勉強していないフリをするということです。長時間勉強して成績がいいのは自慢になりません。この事実は、なぜか私を燃え立たせました。

次にデータ収集です。**私よりも勉強ができる生徒の名前を紙に書き、テストで一人抜かすたび、その生徒の名前を線で消しました。**今思うと、やや狂気じみていました。

そして、私の成績を分析しました。能力的には30番くらいのはずが、実際には100番近いのは、どういうことか。すると、定期テストより実力テストの方が成績がいいことに気づきました。

どうやら実力はややあるが、定期テストの対策がよくない。つまり、定期テストでいい点数をとる方法を思いつけば、成績が上がるはずだ。よし、3学期は、**遊びのつもりで勉強を徹底的にやってみよう。**父親が言ったように、前日に理科や社会の本を読んで重要語をピックアップし、授業に臨もうと思い立ちました。

そこからはとにかく、どうやって高得点をとるかの工夫です。今までサボってきた分を取り返すには、長い道のりでした。

暗記力が弱いので、「コレラと赤痢」なら「コセ」と記号化して覚え、テストが始まったとたんに答案用紙の裏側に書くなど、テストの間だけでも覚えていられる工夫をしました。そもそも、そういうワザを考えるのが好きな性分なのです。

大逆転で都立トップ高に合格

加えて、近所の個人塾へ。ムリを言って最上級クラスに入れてもらうも、ついていくのに必死。夏休みは毎日12時間くらい勉強しました。

その結果、夏休み明けのテストでは250人中8番に！　自分でも驚き、信じられない思いでした。さらに12月には5番になりました。

それまで授業を妨害しまくっていた私は、3年生になり、一切しゃべらずに授業を聞いていました。これは多動気味の私にとって、大変な苦行です。

そもそも私は、人の話を聞くのがとんでもなく苦手なのです。油断をすると、すぐに思考があちこちに飛んだり、モソモソと動いたりしてしまいます。

クラスのなかで私が一番緊張していました。先生が冗談を言ってクラス中が笑っても、私だけは笑いませんでした。周囲は私が病気になったと思っていたでしょう。顔なじみの先生も、「何かあったのか？　大丈夫か？」と聞いてきましたが、当時口グセだった「別に」で返答しました。

ノートはしっかりと予習をしてあり、苦手だった数学もほぼ完ぺき。英語のテストは3回連続100点をとるなど、突然変異としか言いようのない変わりようでした。

そして、中3のはじめに「都立の一番下の学校なら入れる」と言われた私は、なんと公立校トップの進学校に受かったのです。

私の教室にも、どうしようもなく、サッカーにしか興味がない子がふたりいます。

高3の子は、放っておくとすぐにひとりで横浜スタジアムなどに行って、サッカー観戦をする子です。授業に来ないなと思ったら母親から、「横浜スタジアムで、ずっとマリノスを見ているんです。止めてください！」なんて電話がかかってくるほど重症でした。

しかし、そんな彼もさすがに大学受験を目前に控えて変わってきました。「薬学部に入りたい」と思い始め、それまで頭の中がサッカーだけだったのが、どんどん勉強の質問も出るようになりました。

こういうことは、男子ではよく聞く話です。高3の夏休みまでは部活に全力投球していたのに、最後の大会が終わったとたんに、つきものが取れたように勉強に向かうというケースです。

ちなみにもうひとりの高2男子は、まだ目覚めていません（笑）。

とことんハマれるものを見つけさせたい

何でもいい。将来的に大きな財産に

ターニングポイントが来る時期は子どもによって違いますが、とにかく勉強は、本人が「今がやり頃だ！」と思わないとやりません。断言します。親が言ってもムダです。小学生のウルトラガキンチョ男子には、学校の勉強が将来何につながるのかなんて、わからないでしょう。それでいいのです。男子は常に「今」を生きています。

時期が来るまでは、子どもが好きなものに、飽きるまで挑戦させることです。「ハマる」体験。それこそが、実は勉強に向かう土台づくりになってきます。

ある高校生の女の子ですが、尋常ではないくらいに韓流にハマり、毎日韓流ドラマを見続け、韓流アイドルの追っかけをしました。2年後、同じファン仲間である韓国の友達と電話で話ができるほど、韓国語が上達したのです。

メールももちろんハングルで書きます。家族と話すときにも、韓国語をしゃべることがあり、もはやバイリンガルです。

韓国語ができても、英語のように受験に有利ではありません。しかし、それをムダと言えるでしょうか？　彼女の世界は確実に広がり、就職にしろ人脈にしろ、可能性は大きくふくらんでいます。まさに「人生が楽しく」なっているのです。

好きなことを突き詰めたところで、大成するのはほんの一握り。「どんなに絵が好きでも、画家やクリエイターになれるほど才能があるとは思えないし……」と心配する親がいますが、それの何が悪いのでしょう。勉強以外に得意なことがたくさんあることは大切です。

「うまいというより、マニアックな絵で、絵画展では賞をとれそうもない」

彼は、先生にほめられたり、万人にウケたりするために絵を描いているわけではありません。**ただただ、好きで楽しいから描いている**のです。

子どもが何かに夢中になるのに、これ以上の動機が必要でしょうか？　何者にもならなくても、好きなことにとことんハマることで、子どもの未来は無限に広がります。

好きなことがあるというのは、それだけですごい能力です。

どんなことでもかまいません。スポーツでも、絵を描くことでも。何かを集めることでも。

それが将来的に、大きな財産になってきます。

好きなことに集中して「グリット」を育てる

「しぶとさ」を勉強でも発揮

小学生の男子に、勉強以上に身につけさせたいこと。それは、「やり抜く力」です。今はやりの「グリット」です。

結局は、途中で投げ出さず、最後までやり通す力があるかどうかが、以降の受験や社会人になってからも結果を左右します。

それもやはり、好きなことにとことん集中する経験を通してなのです。

「お絵描きには集中するけれど、他のことをやらせるとボーッとしている」という子でも、学年が上がるにつれて、妙なしぶとさを見せることがあります。

男子はいったんハマると、飽きずに同じことばかりをくり返します。昨日と今日で「また同じことをやっている」と思うかもしれませんが、実は少しずつ、らせんを上がるように進歩しています。

たとえば、けん玉を何度もやっているうちに、「膝を使えばいいんだ！」と自分で気づいて、らせんを一段上がります。親としては一直線にゴールへたどり着くため、最初から「膝を使うといいのよ」と教えたくなります。しかし、本人が自分で気づくことに意味があるのです。

しつこく何度も同じことをやるのは、その子のなかに、何か引っかかるものがあるからです。それを自分で見つけ出すことが大切です。

膝を使うと成功することに気づくまで、1年かかったとしてもいいのです。失敗をくり返しながら、自分で工夫して乗り越え、成功をつかむことに意味があります。

甘ったれた中学生が山登りから得た経験

「あきらめないと、いいことがある」という経験をさせるのもおすすめです。

たとえば山登り。

昔、甘ったれの中学生たちを鍛えようと思って、山梨県の大菩薩峠にハイキングに行ったことがあります。山道を歩き慣れない彼らは、バスを降りて登り始めてすぐ、

「まだ休まないんですか？」

「次の休みはいつですか？」

「あとどれくらいかかるんですか？」

と言い出します。しまいには、「もう歩けません。休ませてください」と、気の弱い言葉を吐きまくりで、本当にうんざりします。

ところが、ついに山頂に至って視界が開けると、そこに見たこともないほど美しい富士の姿がありました。

さっきまで弱音を吐いていた一人が呟きました。

「ああ、おれ、スケッチブック持ってくるんだった」

あきらめずにがんばった先にあるもの。彼らはたしかに、それを見たのです。

次々に興味の対象が変わるのはいいこと

すぐに夢中になるけれど、しばらくすると別のことに興味が湧いて、次々にハマるものが変わることがあります。

親は、「飽き性なのではないか。ひとつのことに集中できない子なのではないか」と心配したり、「せっかく○○を買ってあげたのに」「せっかく習い事を続けてきたのに」と残念がったりします。

しかし、次々に興味の対象が変わるのは悪いことではありません。「やり抜く」こととはまた別の話です。

それは、**好奇心が拡大し続けている**ということです。

子どもは何も、先々のことに意味があると思って、活動するわけではありません。何かに夢中になっては戻ってきて、また違うものに夢中になる……というくり返しで、子どもの心は豊かになっていきます。「好きなことだらけ」はいいことです。

ブイネットのU先生は、大人になった今でも好奇心旺盛ですが、子ども時代の興味の対象は、それこそコロコロ変わりました。ピアノ、モデルガン、釣り、マンガ、バイク、カメラ、バンド……。

並べると、興味の対象がバラバラに見えますが、よく共通点を見ると、「音楽と映像」に絞られてきます。

U先生は今は舞台の演出家もされています。見事に「好きなこと」が職業に結びついています。子どもの頃はいろいろなことに興味が散っていたけれど、**成長するにつ**

れて少しずつ「やりたいこと」が自分でわかってきたそうです。

「危険生物」にハマる男子は多いようですが、「なんでこんなものに？」「何の役に立つの？」などと思わないでください。きっと今は彼にとって、「危険生物」について深く掘り下げる時期なのです。

納得がいくまで掘り下げたら、また新しく、次のものを掘りに出かけるでしょう。

そして、掘り下げたことはいつかどこかで、何かにつながっていきます。

なかには、親からすれば「こんなものにハマってほしくない」というものもあるでしょう。しかし、放っておけばいいのです。次におもしろいものが見つかれば、親がうるさく言わなくても、子どもは離れていきます。

中学受験で子どもをつぶさないでほしい

多くの男子にハードな塾通いは耐えられない

子どもの学年が上がるにつれ、「中学受験」が話題にのぼるようになります。ウルトラガキンチョの男子に受験勉強をさせるのは、とても大変です。「未来のためにガマンする」ことができず、とにかく「今が楽しい」ことを優先させる男子に、早いうちから塾に行かせるのは無謀です。

学校にプラスして、３時間も４時間も授業を受けるなど、マイペース男子には耐えられません。20分くらいなら耐えられるかもしれませんが、40分を過ぎたらもう絶対にムリでしょう。

補習塾なら多少の効果がありますが、こういうタイプは進学塾に通ってもお金と時間のムダになります。私も小学生の頃、教育熱心な母に塾に通わされましたが、授業はウケを狙うためにあるもの、と思っている私のこと。当然、まったく続きませんでした。

強制的に受験をさせられた子の多くは、受験が終わったとたんゲームを始めます。

今までガマンをしてきた分、とことんのめり込む子もいます。もしくは、燃え尽き症候群のようになってしまい、勉強が大嫌いになって、せっかく志望校に進学しても、不登校になってしまう子もいます。

以前私の生徒に、最強のウルトラガキンチョ男子がいました。授業中に変な顔をして邪魔をするなど、とにかく挙動不審な言動ばかりするのです。

それもそのはず、彼は小1から塾に通わされ、毎日違う家庭教師が入れ代わり立ち代わりやってきては勉強を強制されていたのです。遊ぶ時間はまったくなく、小学生なのに気の毒としか言いようがありません。

「おれはもう、こんなことにはウンザリしているよ」という顔でした。だからこそ私のことを、「今までの教師と同じでしょ」と、試すような言動をしたのです。

こんなふうに、**小学校のうちから散々大人の勝手でいじられまくって、壊れてしまった子どもを時々見かけます。**自分の意志ではなく、親の意思で夜遅くまで塾に行ったり、夏休みに毎日7時間も夏期講習に通ったりするのです。みんな、疲れたサラリーマンのような顔をして電車に乗っています。

塾通いが苦にならない子ももちろんいるでしょう。しかし、そういう子は、別の場所でちゃんとエネルギーが活性化されているのです。遊ぶときはとことん遊んでいます。また、塾通いは週に2回だけとか、夏期講習だけとか、親が上手にメリハリをつけて、うまく塾を活用しているケースが多いものです。

めざすなら、高偏差値より家から近い学校

では、私は中学受験に反対かというと、決してそんなことはなく、むしろ「ぜひともするべき」という考えです。

何度も言うように、公立の学校は今のままでは「崩壊」すると思います。頭がよくてお金のある家の子は、多くが中学受験をして私立校や公立中高一貫校に行ってしまいます。そうすると、自然に公立中学の学力レベルは下がります。

ただ、公立中学には大きなメリットがあります。それは、「家から近い」「通いやすい」ということ。

まだ10代前半の子どもが、**延々と電車やバスを乗り継ぎ、毎日長時間かけて学校に通うのは、大きな負担です。**

学校には、授業時間の短い日や書類を提出するためだけに登校する日もあります。こんなときには、移動時間が学校滞在時間を上回ります。

もし徒歩15分のところに学校があれば、クラブがあってもすぐ家に帰れます。これは、通学のために往復3時間かけている子よりも、2時間以上時間の余裕を持てるということです。

中学校生活はなにかと忙しいものです。遊びにしろ、友達付き合いにしろ、勉強にしろ、小学生のときと異なり、なかなか忙しい。そのなかでの1日2時間は、非常に大きなものです。親もバカ高い交通費を節約することができます。**2時間あれば、楽器の練習もできます。習い事やスポーツもできます。**自己能力向上学習の時間に使うならば、その積み重ねはとてつもなく大きなものになるでしょう。

私は、志望校の試験対策を指導する際に、

「できたら合格後に、学校の近くに引っ越すことを考えておいてください。もしできなければ、それ以外の学校を探すことをおすすめします」

と伝えます。

中学受験をする際には、「家から通いやすい」ことが学校選びの必須条件になります。

公立中高一貫校がベストだが、少人数制私立も○

第一の候補になるのが、家から近い公立中高一貫校です。

公立ですから、当然学費は安くなります。

公立中高一貫校の試験は、暗記式というより、考え方のプロセスを重視した問題が多く出ます。私立中学受験のように、小4からばっちり塾に通い、基礎から応用まで全教科万遍なく勉強しないと受からない、というものではありません。算数でも、私立中学で出るような、つるかめ算などの「特殊算」は必要ありません。

最重要なのは作文です。書く力、考える力です。

私の考えでは、**5年生までは漢字と計算だけやらせておいて、とにかく十分に遊ばせておくことです。あとは、本をたくさん読んで、文章を書く習慣をつけておくといいでしょう。**具体的な方法は後述します。

フィールドワークで観察力を養うことも大切です。美術館や映画館に来る人を観察するだけでも、おもしろい発見があります。

公立中高一貫校は一流大学進学率も高く、おすすめの中学校です。しかし、それだけに人気が高く、**都内の一貫校は平均6倍の倍率**です。また、数も少なく、併願もできません。狭き門なのです。

第一志望にしたいですが、がんばって勉強すれば受かるという確約はありません。

そこで、同時に、私立中学の受験も考えておきます。

ポイントはやはり、家から近いこと。偏差値レベルが高い学校である必要はありません。少人数制で、面倒見が良い学校なら、大学進学には困らないでしょう。

最近、2020年の大学入試改革と、それにともなうご家庭のニーズに合わせて、アクティブラーニングやグローバル教育を実践する学校が増えています。こうした学校の入学試験は、公立一貫校と同様の出題になりつつあります。

作文ができれば、合格できてしまう学校も多いのです。

小学生のうちは読書と漢字、計算を確実に押さえておく

国語はあらゆる教科の土台

勉強ができるようになるには、聞いたことを頭のなかで言語化ないしはイメージ化する力が必要です。つまり、算数であろうが理科・社会であろうが、まずは言語力がその習得の柱になるのです。

将来どんな生き方をするにしても、入力も出力も言語が必要です。考えることも言語が必要です。

勉強のために必要なのは、日本語による言語の理解能力と表現能力に尽きます。相手の言ったことをきちんと理解し、頭の中でイメージできて、さらにそれに見合った自分の意見を的確に返す力です。

学校では相変わらず、暗記に頼るような、旧態依然とした国語の授業が続けられています。

試験で、ひらがなの横に漢字を書くことが得意になっても、十分ではありません。漢字の意味をよくわかっていて、名詞や述部として使いこなせるようになってはじめて、自分の力になるのです。

そのためには、**何をおいても本を読むこと**です。

読めない漢字があると先に進めないので、調べるようになります。前後の文章から、その漢字のイメージが広がります。

漢字を何回も書いて覚えようとするのは、ナンセンスです。「イメージで覚える」のが重要です。

たとえば、「選手の『選』ってどういう漢字か教えて」などと子どもに質問をします。「己が横にふたつ並んでいて、その下が共感の共、その下がしんにょう」などと説明できれば、漢字を一発で覚えられます。

口で説明をすることで、頭のなかで具体的にその漢字をイメージできるのです。「共」の部分が思い出せないなら、「選」の字の「共」の部分に赤い丸を付けて注意させれば、すぐに覚えられます。

試験でよく出るのは熟語です。その抽象的な意味を理解できるように、家のなかで親が意識的に熟語を使いましょう。

また、新聞に知らない熟語が出てきたら、四角で囲みましょう。このとき、必ずその熟語を発音しながら囲みます。

古典の音読で一気に頭がよくなる

国語ができるようになるにはもうひとつ、古典の音読をすることがおすすめです。CDを聴いて、耳を鍛えておくだけでもかなり効果があるので、3歳くらいから始めてもいいでしょう。

何でもそうですが、親に「覚えさせよう」という気負いがあると、子どもはすぐに察して興味を示さなくなります。さりげなく、バックグラウンドとして音声を流しておくと、あっという間に言葉を覚えるでしょう。

私の教室音読は力を入れてやっています。**日本語の一音、一音をしっかりと区切って発声すると、どんどん頭に入ってきます。**百人一首を詠むのと同じです。

最初の頃はみんな照れがあるのか、小さい声で音読していますが、何度もやって声の出し方がわかってくると、だんだん気持ちよくなってきます。そして、音読が自分の頭を活性化することがわかります。

国語力を強化された子どもたちは、言葉で負けない子になります。母親ですら手こずるくらいです。なにせ、口では決して負けない私といつもやり取りしているのですから、学校で友達や先生をやり込めるくらいはお手の物です。

ある男子は担任から、「どうしてあなたたちは私の言うことを聞かないんですか！」と言われ、

「先生、昔の中国の本には『上の人がしっかりしていないと、下の者もしっかりしない』と書いてありますよ」

とやり込めたそうです。教師から嫌われて「問題児」扱いされるのも、いたしかたないことです。

数字を自在に使いこなす訓練

日本の学校教育では、もう何十年も九九の暗唱が必須科目です。

しかしこれからの時代は、「9×9は」と聞かれて、「九九、81」と暗記で答えるだ

けでは不十分です。9が10個で90。そこから9をひとつ取るから81、という考え方も必要なのです。

単にくり上がり、くり下がりの計算ができるだけではダメです。「57」と言われたら同時に「43」が浮かぶ。100から引いたときの数が、瞬時にわかるようにしないといけません。

「90個あった餃子が25個残りました。何個食べたでしょうか?」と聞かれて、いちいち「90－25は……」と頭の中で筆算していては遅いのです。「90・25・65」とすぐにイメージできるかどうかです。

1個4500円のクリスマスケーキを1800個売った場合の売り上げは?と聞かれたら、頭のなかでどう考えるでしょうか。

4500×1800＝45×18×10000です。18は2×9なので、90×9×10000と置き換えられます。こうすれば、暗算で810000円という答えが出てきます。

こうした考え方を知っていれば、勉強もラクにこなせるのですが、学校ではこういう工夫を教えてくれません。算数は、生活のなかで数や図形の問題に突き当たったときに、頭のなかで道具のように自在に使いこなせるのが理想です。

また、パズルが大好きな子は、得てして算数が得意です。試行錯誤が好きなのです。すぐに遊びに飽きて次々に違うことをやる子どもも、実は試行錯誤をしています。試行錯誤は答えを求めてあれこれ考えることです。

そして今、上から下まで考える力が求められているのです。

公立中高一貫校は「作文」ができれば受かる

子どもに書かせたいなら原稿料を払う

あるお母さんに、「どうやったら息子に作文を書かせられますか」と聞かれたことがあります。私は答えました。

「作家がなぜ原稿を書くか？　原稿料があるからでしょう」

これは大成功でした。作文の塾に行ったら月に6000円くらい取られますが、原稿用紙1枚を100円にして、子どもが20枚書いたなら、そっちの方がよっぽど安上がりです。一度お子さんに試してみてください。

作文を書いたら、好きなお菓子を買ってあげるのでもいいのです。

ただし、**最初の金額を安めに設定**しておきましょう。男子は調子に乗ると、何十枚でも書いてしまいます。

最初はいくら長く書いてもOKとしましょう。折り紙がうまくなるまでの練習と同じで、遊びのように何度もやっているうちに、土台ができあがります。

マニュアルに沿った書き方ひとつしかできないのではダメです。いきなり会話文から書き始めるなど、いろいろな手法を試しましょう。本をたくさん読んでいれば、「この文章いいいな」「この書き出しは使えるぞ」と盗むことができます。

また、音読をして入力のリズムがしっかり頭に入ったあとに作文を書くと、不思議にサラサラと書けるようになります。

「読者」がいないとつまらない

私の教室では、共有サイトに作文を投稿して、意見を言い合えるシステムをつくっています。ペンネームで連載小説を書いている子もいます。

料理を食べてもらえないと、つくる気がなくなるのと同じで、作文も誰かに読んでもらわないとおもしろくないのです。子どもが作文を書いたら、必ず読んで感想を伝えてあげてください。

私の教室の作文授業では、子ども二人を向かい合わせにして、それぞれに白い紙を渡します。そして、お互いにインタビューし合いながら、紙にメモを取っていきます。たとえば、「昨日の夕食は何だった?」「オムライス」などといったやり取りを続け、どんどん紙を埋めます。時間が来たら、メモを交換し、自分の出した回答をまとめて

作文にするのです。

おしゃべりだけど文章を書くのは苦手、という男子には、このインタビュー方式が使えます。

「今しゃべってくれたこと、本当かウソかわからないけどおもしろいから、文章に書いたら200円あげるよ」などと言えば、ホイホイ書きます。

男子はおもしろい話を書こうとすると、自然に何枚でも書けるのです。

塾にお金をかけるなら、旅行にお金をかけた方がコスパ大

小6で100万円かかる受験業界には疑問

今の私立中学受験は、塾に通うのが前提になっています。一般に、小4で50万円、小5で60万円、小6だと100万円がかかると言われています。

私も受験業界の片隅に身を置いていますが、このシステムは疑問です。イヤがる子どもを塾に入れて100万円支払うなら、旅行にでも出かけた方が、はるかに費用対効果が高いのではないかと思います。

旅を上手に使えば、社会にも理科にも強くなるでしょう。なにより、子どもの世界が広がります。

夏期講習に行くより、キャンプなどで自然のなかでたっぷり遊び、見聞を広める方

が、ずっと子どものためになることが多いのではないでしょうか。

貴重な夏休みを有意義に使ってほしいと思います。

アウトドアも、凝ったらお金がかかりますが、知恵を働かせて上手にやれば、安く上がります。車があれば最高ですが、リュックを背負って電車に乗るのでもいいでしょう。自分たちでおにぎりを握って出かければ、交通費くらいしかかかりません。テントを買って泊まったり、バンガローなどを利用すれば、娯楽施設へ行くよりもはるかに安い金額で、子どもに大切な自然体験をさせることができます。

オモロい体験をさせてくれる団体を探して、そのお世話になることも考えましょう。田んぼを共有して稲を育てる、なんていうのもいいものです。

6年2学期から塾に通う裏ワザ

こうして蓄えたエネルギーで、小6の2学期からやや本格的に勉強し、入れるところに進学するのでちょうどいいのです。**ダメなら、潔く近くの公立中学に通って、高**

校受験を考えた教育環境を再設定する。間違っても、家から遠い滑り止め私立に進学してはいけません。それはお金と時間とエネルギーのムダです。

教育に本当にたくさんお金がかかるのは、大学進学前後です。

公立校を利用すれば、学費・交通費を500万円以上節約することができます。できたらこの分は貯金しておきたいものです。

留学資金、家から出て学校に通う場合と、将来必ずまとまったお金が必要となるときが来ます。

そして、そのときこそが目的のはずなのに、小学時点でむやみに多く進学塾にお金をつぎ込んで家計が苦しくなってしまっては、本末転倒です。必要最小限の利用に留めたいものです。

その典型例は、それまでは家庭で準備して、6年2学期からだけ、練習と情報収集のために進学塾に通う方法です。塾が聞いたら、「ふざけるな!」と言うでしょうが……。

第5章

やがて来る、ひとり立ちのときのために

男子の友達付き合いは女性には謎だらけ

周りから浮いてる？いじめられたらどうしよう…

「友達があまりいないようで心配」という、小学1年生の男子の母親の声をよく聞きます。

大丈夫です。男子のなかには警戒心の強い者がいて、なかなか簡単に他人とコミュニケーションをとらないこともあるのです。

でも、やがて話し相手が見つかります。話さざるを得ない機会もやってきます。親切な女の子が「探り」を入れてくることもあります。

子どもが友達の話をしたときは、親はその名前を頭に入れ、やがて親同士がコミュニケーションを取れる機会をうかがいます。お互い受け入れられる相手なら、親同士が情報交換して、周囲の環境や状況をつかみます。

女の子の母親は、娘からばっちりクラスの状況について聞き出していることが多いので、頼りになります。


「お調子者の子だから、みんなから浮いている」

「いじめられたらどうしよう」

大丈夫です。**低学年や中学年の男子に、深刻ないじめをするほどの知恵はありません。**ガキンチョなのですから。からかったりすることはあっても、陰湿ないじめに発展することはほとんどありません。

たいていは、ふざけてじゃれ合っているうちに、いさかいが起こるくらいのことで、親はこうした体験を積み重ねることが重要と見るべきです。気にしすぎると、かえって子どもがすぐに同情を求めるようになります。

また、女子は周囲から「浮く」ことをとても気にしますが、男子にそういう発想はあまりありません。「みんなと同じ」より、「みんなよりオモロイ」ことの方に価値のある世界です。

そもそも男子は一匹狼と言うか、**単独行動をすることにあまりストレスを感じません**。

女子はなにかというと集まって、おしゃべりをするのを楽しみます。たいてい毎日友達が固定されていて、いつものメンバーでとりあえず集まってから、「今日は何をして遊ぶ?」と相談しています。

対する男子は、「サッカーやるぞ!」「蝉捕りにいくぜ!」と、まずやりたいことが決まっていて、それをしたい子だけが集まります。

もちろん、単に「公園に集合」という場合もありますが、だいたいやることは決まっているものです。「自分のやりたいこと」が真っ先にくるのです。

一緒にいても別行動、約束があいまい

よく聞くのが、

「友達が遊びにきているのに、息子はひとりリビングでマンガを読んでいる。その友

達は、息子の部屋で一心不乱にブロック遊びをしている」といった話です。女子にはありえない光景かもしれません。女子のお友達が遊びにきたら、きっと一緒に人形遊びをしたりするのでしょう。

男子の約束はあいまいです。目の前におもしろいことがあれば、約束をすっかり忘れてしまいます。そして、自分が約束を破られたときも、たいして気にしません。「今日は○○君が遊びにくる」と言うから、待っていても一向に来ず……。「あいつ〜、約束破ったな〜！」と言いながら、速攻で忘れ、マンガを読んで笑っています。翌日学校で会っても、とくに話し合いはせず、いつも通りバカ騒ぎしているのでしょう。「約束を破ったから絶交ね！」などと、女子のようにシリアスな状況にはなりません。

ただ、「あいつは約束を守る」という評判は何かと役に立つことも多いです。逆に、守らない子はあんまり頼りにならないと見なされて、リーダー格にはなれません。

「公園で待ち合わせ」と言っても、何時とちゃんと決めていない。「誰もいない」とすぐ帰ってくる。「もうちょっと待ってみる」という考えがない。結局、友達の方も同じことを言って帰っていた……。

待ち合わせの場所が、「あの坂」。「どの坂かわからなくて3つくらい見たんだけどさ、いないいんだよ！」……。

コミュニケーション力があり、友達を大切にするのが当たり前で、約束を重要視する女性である母親から見れば、きっと驚くことばかりだと思います。しかし、**男子同士の付き合いはサッパリしている**ので、女子の友達関係に比べれば心配はずっと少ないでしょう。

男同士の遊びのなかから多くを学ぶ

私は自分で言うのもなんですが、へんな子どもだったので、友達と付き合うのに、とても苦労をしました。

単独行動することにストレスはありませんでしたが、ひとりで缶けりをしたっておもしろくありません。楽しく遊ぶには5、6人は必要なので、そのへんはいろいろと妥協しつつ、うまくやっていたと思います。

男子のなかには、仕切りたがるタイプの子どもがいます。友達と野球をやると、「おれがバッターやるから、おまえはピッチャーね」などと勝手に決めます。

母親がそんな場面に居合わせると、「なんでそんなに偉そうなの」とハラハラしますが、基本的に子どもが遊んでいる場に親が干渉しない方がいいでしょう。彼はそうやって、仕切る練習をしているのです。

男の世界は厳しいので、放っておいても、そのうち簡単に鼻を折られる日が来ます。もっともっと手ごわい相手がたくさんいることを知ります。

今はそうやってとんがっていればいいのです。あとでたっぷり痛い目にあうでしょう。親に言われるより、身をもって感じないとわからないのです。

そうやって仕切っているように見える子でも、別の場所では黙って他の子の指示に従っていることがあります。それはそれでいいことです。

男子はその場その場で、おもしろいことを常に追求しています。「あいつの言っている通りにやるとおもしろい」と思えば、素直に従います。人のリーダーシップぶりを観察することも、いい勉強です。

そうして、いろいろなことを吸収し、今度は自分から遊びを提案して受け入れられたら、リーダーシップを発揮できます。

ただの遊びに見えても、**男子は集団遊びから、コミュニケーション力だけでなく、観察力や指導力なども学んでいる**のです。

最近は小学校低学年から塾や習い事で忙しく、友達と遊ぶ機会が少なくなっている子どもがたくさんいます。でも本来は、小学生の間にこそ、こうやって男同士で遊んで、いろいろなことを学ぶべきだと思います。

マザコンの心配などせず、大いに甘やかそう

マイペースな反面、ナイーブな心の扱い方

男子は相手のことをまったく考えない言動をするわりには、とてもナイーブで傷つきやすい面があります。

たとえば、縄跳びをちょっと跳んだだけであきらめる。**うまくできないとわかると、いろいろと理由をつけてやりたがりません。**

算数の宿題で、間違っているところを指摘されると「もうヤダ！　やらない！」となります。女子のように、「なにくそ」となるタイプは少ないものです。

こういうときに、「そうなのね」とスルーしていいのか、甘やかしていることにな

らないか、悩むところです。

誰も見ていないところでこっそり縄跳びを練習したり、母親の見ていないときに間違った問題をやり直したりしているなら、プライドが高いだけ。恥ずかしい自分を見せたくない、負けず嫌いです。

自分が「できた！」と思ったら、急に堂々と自慢してきます。こういう子は心配ありません。

逆に、根性がなく逃げているだけの子は心配です。「あきらめずにやったらよかった！」という経験を積んでいないのでしょう。今からでも、**本人ができそうな小さな挑戦をたくさんさせて、「できた！」という自信をつけさせましょう。**

高学年になったらどんどん離れていく

低学年の男子で、母親の前だとヘタレで甘えん坊になり、すぐ「おかあさーん」と言ってくる子がいます。中学年でも、他人の前では母親にツンケンするのに、家で二人きりになったとたん、猫のように甘えます。

「なに、この二面性は⁉」「マザコンになりそうで心配」「もっと突き放すべき？」と悩むお母さんがいますが、ここはおおいに甘やかしてください。

小学校も高学年になると、性ホルモンであるテストステロンが出てきて、どんどん母親から離れていきます。それが正常な発育です。それまでは、十分甘えさせていいのです。

最近は、高学年になっても女性教師の膝の上に座りたがる男子がいるそうです。体はしっかりと成長しているのに、です。性的な動機ではなく、本当に甘えています。必要な時期に親にたっぷり甘えられなかったのかもしれません。

子どもは、いつだって親に甘えたいのです。親の愛情をたっぷり感じることが大切なのです。ハグでもなんでも、たくさんしてあげてください。親しか代わりはいないのです。

小学生にもなると、本来、男子は父親と遊ぶ方が楽しくなるはずです。しかし、父親が仕事でほとんどいなかったり、父親自身が幼少期に、父子の楽しい体験をしてこなかったせいで、息子にどう接していいかわからなかったりするケースがよくあります。

そうなると、母親への比重はより大きくなります。父親の育児参加がムリなら、母親が父親の代わりを兼ねるか、もしくは習い事の先生など身近な男性にフォローしてもらうのがいいでしょう。

甘えと社会性、両方のバランスが大切なのです。

マンガやテレビ、ゲームには制限が必須

男子は中毒になりやすい

男の子は目の前の「オモロイこと」に流されやすいので、マンガやテレビ、ゲームなどの娯楽にもすぐにハマってしまいます。このご時世なので、マンガやゲームを禁止しろとは言いません。ただ、付き合い方はコントロールしてほしいものです。

日本には、マンガやテレビ、ゲームが大好きな男性がとても多いのです。

20年前ほど前の話ですが、新幹線に乗ったら、とあるプロ野球チームと遭遇しました。選手たちはみなマンガを読んでいて、「いい大人が……」と思ったのを覚えています。今ならきっと、みなスマホでゲームをしているのでしょう。

現代の小学生の父親は、バリバリのテレビっ子、ゲーム世代です。**休日に夫に「外で子どもと遊んできて」と言ったら、子どもを遊ばせながら自分は携帯でゲームをやっている**……と言う母親がいました。

父親がビールを飲みながらダラダラとテレビを見たり、スマホでゲームをしたりしていれば、子どもだって真似をするでしょう。

いくらお金のかからない娯楽だと言っても、せめて子どもが見ていないところでやればいいのに、と思います。奥さんのいら立ちもよく理解できます。

大人が付き合い方をコントロールできていないのですから、子どもはなおさら、何時間でもマンガを読んだりゲームをしたりしてしまいます。

だからこそ、親は子どもに、マンガやゲームとの付き合い方を教えるべきです。とくにゲームに関しては、いろいろなメディアで指摘されているように、長時間の使用がさまざまな弊害をもたらします。

また、高校生のスマホの平均利用時間が5時間を超え、そうした子たちはほとんど家で勉強しないというデータもあります。

一般に、スマホやゲームをある程度の時間やると、その前に学習したことが何であったか、よくわからなくなるか、きれいさっぱり忘れてしまう傾向があります。

また、スマホやゲームをするときの頭の集中のさせ方が、学習をするときのそれと同一方向線上にあり、机に向かって勉強するのが億劫になってしまう人が多いとのことです。

私自身、**ゲームからエネルギーをもらうことはできない**と、長年の経験から感じています。

他の遊びで暇を与えないようにする

親自身が「ラクだから」、スマホやゲームの使用を子どもに許しているという背景もあります。

雨で外に遊びに行けない日や、外出先で静かにしてほしいときに、無制限でテレビを見させたり、スマホやゲームを与えたりしてしまいがちです。

雨で外に遊びに行けないなら、パズルなどの遊べるものを用意してあげます。いろいろと試すうちに、ハマるものが必ず見つかります。

親もテレビを見ないヒマつぶしを考えましょう。楽器などいじってみせるのは、子どもにいい影響を与えます。釣り道具の手入れでもいいです。語学の勉強でもかまいません。何か自分からすることを見つけましょう。

あるゲーム中毒の男子がいました。彼は普段は7時間、夏休みは毎日12時間以上、食事以外はほとんどゲームをしていました。

彼をたき火に連れていったら、最初は手持ち無沙汰にしていましたが、そのうちに竹の棒を削ることにハマりました。

無心になって竹の節を落とすことは、一見無意味な行為に見えますが、彼にとってはたまらなく「オモロイこと」になったのです。

学校や宿題のストレスをゲームで解消するというのは言い訳です。せっかく確保した時間をゲームでつぶすのはもったいない。それに、ゲームをしすぎると、かえってリフレッシュにならないと思います。

外でたくさん遊んでいて、エネルギーの吸収・発散ができている子は、少々ゲームをやっても大丈夫です。外で3時間くらい遊んで、家で30分ほどゲームをやるくらいなら、相殺されるでしょう。

問題なのは、外でほとんど遊ばずに、ネットやゲームばかりやっている子です。テレビやスマホの画面を見続けると、言語が発達する箇所が伸び悩んで、学習能力が下がるという説もあります。

ゲームが蔓延する世の中は仕方ないのですが、問題は時間です。

ゲームには臨界点があります。賢い子は、ギャンブルと同じで、いつかバカバカしいことだと気づきます。しかし、子どものうちは気づくのは難しいでしょう。

やはり、親が助言しつつ、時間をコントロールさせることが肝要です。

人生の目的は「可能な限りオモロく生きる」こと

自分の体を使った、大いなる実験

本書の最後に考えたいのが、「人生の目的とは何か」ということです。

私は常々自分の生徒たちに言っています。

「きみは弟と性格が違うね。顔も違うね。ものの考え方も、とらえ方も違うよね。同じ親から生まれた弟とだって、こんなに違うんだ。世間にそっくりな人間なんてひとりもいない。だから、たったひとりしかいないきみが、その心と精神と肉体を使って、最大限に人生をオモロくする人体実験をするのが、きみの仕事のはずだ」

そう、男の子の人生の目的は、「可能な限り、オモロく生きること」です。

「オモロイ」ことを常に探している子どもは、好奇心があり、人より多くの体験をしています。ひとつのことに縛られず、同時にさまざまなことに興味を持ちます。自分の体を使って、とことん「人体実験」をしています。

そうやって成長した人間は、30歳になったときに、ほとんどの人間より先にいます。若い頃はバカばかりやって、遠回りしているように見えても、必ずその分成長しています。

今は便利な世の中です。ボタンを押すだけで風呂が沸き、洗濯機もボタンひとつで動きます。コーヒー豆すら自動でひいてくれます。「ひねってお湯が出るのはおかしいぞ」なんて考える人はいないでしょう。

資本主義社会では、たいていのものがお金を出せば買えます。ゲームやテレビなどはまさに、お金を出して買う娯楽、「与えられた楽しみ」です。それは消費するもので、創造性、心からの喜びはあまりありません。

一方、インフラが整備されていない国では、夜暗くなって何もすることがなくなったら、ギターを弾いたり、歌を歌ったり踊ったりします。昼間にすることがなかったら、絵を描いたり、時間をかけて料理をつくったりします。

そうやって何かを生み出して表現して、誰かを喜ばせていれば、人生はずっと楽しくおもしろくなるでしょう。

「表現する」機会をたくさんつくって

子どもには、「与えられた楽しみ」だけではなく、ぜひとも「何かを生み出す」ことをさせてほしい。「表現する」機会をたくさん与えてほしいと思います。

その最たるものが、芸術でしょう。

たき火と同様に、音楽や舞踏や絵画などの芸術も、原始時代から存在していました。学問だけでなく、芸術の要素もあったからこそ、人間はフレキシブルに発展してきたのでしょう。

芸術とは、「他の人がやっていないことを、してみせる」ことです。エベレストを登頂するのと同じです。学問の二の次のように思われるかもしれませんが、本来はとても尊い作業なのです。

といっても、大げさに考える必要はありません。文章が書けるようになるのも芸術、友達と一緒に音楽をやることも芸術です。**あらゆる心情表現は「芸術」です。**絵でもダンスでもなんでもいいのです。

ひょっとすると、料理はその代表かもしれません。

そして、大切なのは、その表現活動を親がしっかり受けとめることです。**ほめて、認めること**です。

料理を「おいしい」と言ってもらえれば、「明日はもっとおいしいものをつくろう」と張り切るでしょう。ほめられれば、「もっとうまくなろう」と張り切るのです。

小1のある男子は、ギター教室に通いながら歌詞を書き始めました。

両親は毎回見せられる歌詞を見て、「すごいね」「ここがいいね」などと感想を伝えていましたが、せっかくの表現活動なのにもったいないと思い、ギターの先生に歌詞を見せるようすすめました。

先生は喜んで、その場でメロディをつけてくれたそうです。

以後、男の子はさらに次々と歌詞を考え、先生がメロディをつけ、二人でうたいながら楽しく演奏しています。いつか、オリジナル曲でライブに出られれば、という目標もできました。

子どもには、「可能な限りオモロイ」人生を歩ませてあげましょう。

〈著者紹介〉
松永暢史（まつなが・のぶふみ）

◇— 1957年東京都生まれ。慶應義塾大学文学部哲学科卒。教育環境設定コンサルタント。教育アドバイザー。
「受験プロ」として音読法、作文法、サイコロ学習法、短期英語学習法など、さまざまなメソッドを開発。個人指導歴42年。専門は入試国語、古典。教育や学習の悩みに答える教育相談事務所V-net（ブイネット）を主宰。

◇—教育作家として、著書に『将来の学力は10歳までの「読書量」で決まる！』（すばる舎）、『「ズバ抜けた問題児」の伸ばし方』（主婦の友社）、『女の子は8歳になったら育て方を変えなさい！』（大和書房）、『新男の子を伸ばす母親は、ここが違う！』『大人に役立つ！頭のいい小学生が解いているパズル』（以上、扶桑社）、『2020年大学入試改革 丸わかりBOOK』（ワニブックス）他多数。韓国語、中国語、ベトナム語などにも翻訳されている。

◇—趣味は、文学芸術と自然観察にたき火。ネットやゲーム中毒の子どもたちにはこれが一番と、毎月のようにたき火に連れていく。また、生徒たちと古典中の古典を読むリベラルアーツや、囲炉裏古民家教育も実践している。

V-net 教育相談事務所
〒167-0042 東京都杉並区西荻北2-2-5 平野ビル3階
tel:03-5382-8688
http://www.vnet-consul.com/

落ち着かない・話を聞けない・マイペースな　小学生男子の育て方

2018年 8月15日　　第1刷発行

著　者———松永暢史
発行者———徳留慶太郎
発行所———株式会社すばる舎

東京都豊島区東池袋3-9-7 東池袋織本ビル　〒170-0013
TEL　03-3981-8651（代表）　03-3981-0767（営業部）
振替　00140-7-116563
http://www.subarusya.jp/

印　刷———株式会社シナノ

落丁・乱丁本はお取り替えいたします

ISBN978-4-7991-0718-8